中国式现代化"六观"丛书
丛书主编 姜 辉

中国式现代化的
世界观

田鹏颖
/
著

重庆出版集团 重庆出版社

图书在版编目(CIP)数据

中国式现代化的世界观/田鹏颖著. —重庆:重庆出版社,
2023.12
 ISBN 978-7-229-18095-9

Ⅰ.①中… Ⅱ.①田… Ⅲ.①现代化建设—研究—中国
Ⅳ.①D61

中国国家版本馆CIP数据核字(2023)第191859号

中国式现代化的世界观
ZHONGGUOSHI XIANDAIHUA DE SHIJIEGUAN
田鹏颖　著

责任编辑:徐　飞　荣思博
责任校对:杨　婧
装帧设计:刘沂鑫

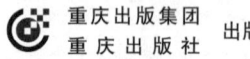
重庆出版集团
重庆出版社　出版

重庆市南岸区南滨路162号1幢　邮政编码:400061　http://www.cqph.com
重庆出版社艺术设计有限公司制版
重庆恒昌印务有限公司印刷
重庆出版集团图书发行有限公司发行
E-MAIL:fxchu@cqph.com　邮购电话:023-61520646
全国新华书店经销

开本:787mm×1092mm　1/16　印张:15.25　字数:196千
2023年12月第1版　2023年12月第1次印刷
ISBN 978-7-229-18095-9
定价:54.00元

如有印装质量问题,请向本集团图书发行有限公司调换:023-61520678

版权所有　侵权必究

中国式现代化"六观"丛书
编委会

主　编 姜　辉
副主编 曹清尧　曾维伦　马然希　陈兴芜
编　委（以姓氏笔画排序）
　　　　　田鹏颖　冯颜利　李　斌　别必亮　辛向阳
　　　　　宋月红　张小平　张永生　张永和　林建华
　　　　　周　进　徐久清　龚　云

为世界现代化理论与实践创新提供中国智慧
——中国式现代化"六观"的独特价值与贡献

姜 辉

概括提出并深入阐述中国式现代化理论,是我们党的重大理论创新,是科学社会主义的最新重大成果,极大丰富和发展了世界现代化理论。中国式现代化的成功开辟,走出了人类现代化历史上前所未有的新路,为世界各国提供了全新选择,这是人类发展历史上具有划时代意义的重大事件。中国式现代化对于世界现代化理论与实践创新的重大价值,对于人类社会发展的重大意义,会随着实践发展和时间推移越来越显现出来。

只有民族的才是世界的,只有引领时代才能走向世界。正如习近平总书记指出的:"中国式现代化,深深植根于中华优秀传统文化,体现科学社会主义的先进本质,借鉴吸收一切人类优秀文明成果,代表人类文明进步的发展方向,展现了不同于西方现代化模式的新图景,是一种全新的人类文明形态。中国式现代化,打破了'现代化=西方化'的迷思,展现了现代化的另一幅图景,拓展了发展中国家走向现代化的路径选择,为人类对更好社会制度的探索提供了中国方案。"①实践证明，中国式现代化走得通、行得稳，是强国建设、民族复兴的必由之路，是促进世界发展进步、为人类文明作出更大贡献的伟大创造。

一

实现现代化是近代以来中国人民矢志奋斗的梦想。中国共产党百余年来团结带领中国人民追求民族复兴的历史，也是一部不断探索现代化道路的历史。在新中国成立以来，特别是改革开放以来长期探索和实践基础上，经过党的十八大以来在理论和实践上的创新突破，中国共产党成功推进和拓展了中国式现代化。中国式现代化走出了人类历史上史无前例的实现现代化的新路，具有鲜明特征和独特优势。中国式现代化，是人口规模巨大的现代化，是全体人民共同富裕的现代化，是物质文明和精神文明相协调的现代化，是人与自然和谐共生的现代化，是走和平发展道路的现代化。中国式现代化切合中国实际，既体现了社会主义建设规律，也体现了人类社会发展规律。

一是充分发挥中国共产党领导和中国特色社会主义制度的显著优势。习近平总书记指出："'中国式现代化，是中国共产党领导的社会主义现代化。'这是对中国式现代化定性的话，是管总、管根本的。"②中国特色社会主义最本质的特征是中国共产党领导，中国特色社会主义制度的最大优势是中国共产党领导。党

---

① 《习近平在学习贯彻党的二十大精神研讨班开班式上发表重要讲话强调　正确理解和大力推进中国式现代化》，《人民日报》2023年2月8日。
② 习近平：《中国式现代化是中国共产党领导的社会主义现代化》，《求是》2023年第11期。

的领导直接关系中国式现代化的根本方向、前途命运、最终成败。中国共产党的领导和中国特色社会主义制度超越了西方关于市场与政府、国家与社会、集中权威与民主自由、公共领域与私人领域等机械的对立两分，形成了经济快速发展、社会和谐稳定、改革活力充沛等显著优势。这种优势不仅为如何实现现代化提供了成功经验，而且与一些发展中国家在现代化进程中遭遇的政治混乱和社会动荡形成了强烈而鲜明的对比。中国式现代化，从中国特殊的历史、国情和文化出发，注重发挥社会主义制度能够集中力量办大事的政治优势，调动一切积极因素，形成实现现代化的共同意志、共同目标、共同行动。无论是建立独立的比较完整的工业体系和国民经济体系，还是独立自主研制出"两弹一星"；无论是应对现代化进程中的一系列重大风险挑战，还是完成脱贫攻坚的艰巨任务，无不需要发挥举国体制优势，无不需要确保全国上下步调一致、集中力量、协同攻关。我们党坚持和完善中国特色社会主义制度，不断推进国家治理体系和治理能力现代化，为中国式现代化稳步前行提供了坚强的制度保证。

二是以实现人的全面发展和全体人民共同富裕为现实目标。习近平总书记强调："我们追求的发展是造福人民的发展，我们追求的富裕是全体人民共同富裕。"[①]中国式现代化是全体人民共同富裕的现代化，这是中国式现代化区别于西方现代化的显著标志。西方现代化的最大弊端，就是以资本为中心而不是以人民为中心，追求资本利益最大化而不是服务绝大多数人的利益，导致社会鸿沟拉大、两极分化严重、阶层凝滞固化。中国共产党坚持把人民对美好生活的向往作为奋斗目标，坚持以人民为中心的发展思想，着力保障和改善民生，让中国式现代化建设成果更多更

---

① 习近平：《在中共中央召开的党外人士座谈会上的讲话》，《人民日报》2015年10月31日。

公平地惠及全体人民，坚决防止两极分化。不断创造人民美好生活、逐步实现全体人民共同富裕，是新时代中国特色社会主义的鲜明特征。党的二十大明确了到2035年基本实现社会主义现代化时，人的全面发展、全体人民共同富裕取得更为明显的实质性进展。把全体人民共同富裕作为建设社会主义现代化强国的重要内容，是中国式现代化先进性和优越性的重要体现。

三是走和平发展道路，既发展自身又造福世界。习近平总书记指出："中国共产党坚持一切从实际出发，带领中国人民探索出中国特色社会主义道路。历史和实践已经并将进一步证明，这条道路，不仅走得对、走得通，而且也一定能够走得稳、走得好。我们将坚定不移沿着这条光明大道走下去，既发展自身又造福世界。"[①]中国共产党始终坚决反对帝国主义、殖民主义、霸权主义和强权政治，反对不平等的国际政治秩序，始终与广大发展中国家站在一起。新中国成立70多年来，中国没有主动挑起过任何一场战争和冲突，没有侵占过别国一寸土地，是唯一将和平发展写入宪法和执政党党章、上升为国家意志的大国。而西方国家的现代化，充满战争、贩奴、殖民、掠夺等血腥罪恶，给广大发展中国家带来深重苦难。中华民族经历了西方列强侵略、凌辱的悲惨历史，深知和平的宝贵，决不可能也决不会重复西方国家的老路。无数事实表明，中国式现代化道路完全超越"国强必霸"逻辑和"修昔底德陷阱"对抗，完全不同于资本主义国家的那种通过"血与火""剑与枪"的殖民掠夺和侵略战争手段开拓的现代化道路。

总之，中国式现代化是物质文明、政治文明、精神文明、社

---

① 习近平：《加强政党合作　共谋人民幸福——在中国共产党与世界政党领导人峰会上的主旨讲话》，《人民日报》2021年7月7日。

会文明和生态文明协调发展的现代化，创造了人类文明新形态。中国式现代化道路的成功开辟，不仅为人类提供了一条现代化崭新道路、模式和方案，而且为人类文明发展进步作出了重大贡献。

二

习近平总书记指出："中国式现代化蕴含的独特世界观、价值观、历史观、文明观、民主观、生态观等及其伟大实践，是对世界现代化理论和实践的重大创新。"[①]这一重大论断，从根本性、基础性、整体性、历史性上深刻揭示了中国式现代化的理念、观念、价值，以及世界观方法论，展现了中国式现代化不同于西方现代化模式的新内容、新特征、新图景。

中国式现代化蕴含的独特"六观"，是对西方现代化理论和实践的重大超越。从根本上说，西方现代化由于受资本主义制度及其基本矛盾的根本性局限，无法克服资本至上、弱肉强食、两极分化、霸道强权的本性和固有弊端。而中国式现代化在世界观、价值观、历史观、文明观、民主观、生态观上对西方现代化的超越，为世界现代化理论和实践创新作出了原创性贡献。比如，中国式现代化形成了人类命运与共、和平发展、合作共赢的世界观，在坚持维护世界和平与发展中谋求自身发展，又以自身发展更好维护世界和平与发展，倡导和平、发展、公平、正义、民主、自由的全人类共同价值，推动构建人类命运共同体。比如，中国式现代化坚持以人民为中心的价值观，以实现人的自由

[①]《习近平在学习贯彻党的二十大精神研讨班开班式上发表重要讲话强调　正确理解和大力推进中国式现代化》，《人民日报》2023年2月8日。

全面发展为最终目标，追求人民至上的价值导向，以满足人民日益增长的美好生活需要为出发点和落脚点，让现代化建设成果更多、更公平惠及全体人民，不断增强人民群众的获得感、幸福感、安全感。比如，中国式现代化坚持人类历史不断进步、最终实现人的全面发展和彻底解放的历史观，认为人类历史发展是生产力与生产关系、经济基础与上层建筑相互作用的结果，资本主义不是人类历史的"终结"，而是人类社会历史发展的特定阶段，必然被更高的社会形态所取代。中国式现代化为中华民族伟大复兴开辟了广阔前景，也为人类对更好社会制度的探索，对人类解放、"美美与共，天下大同"提供中国方案。比如，中国式现代化倡导尊重文明多样性的文明观，坚持文明平等、互鉴、对话、包容，以文明交流超越文明隔阂、文明互鉴超越文明冲突、文明包容超越文明优越，彰显了独特而鲜明的文明观，是马克思主义文明观在新时代中国的创造性展现。比如，中国式现代化坚持全过程人民民主的民主观，主张广大人民群众共同管理国家和社会事务，反对建立在资本逻辑基础之上的虚假民主，反对服务于少数有产者的民主，展现了对民主这一全人类共同价值的全新理解，超越了当代西方民主，开辟了人类政治文明发展新境界。比如，中国式现代化坚持人与自然和谐共生的生态观，倡导尊重自然、顺应自然、保护自然，反对只讲索取不讲投入、只讲发展不讲保护、只讲利用不讲修复，深化了对生态文明发展规律的认识，继承和创新了马克思主义人与自然关系理论，极大丰富和拓展了马克思主义自然观和生态观。总之，中国式现代化蕴含的这些内涵丰富、内蕴深刻的理念观念和价值追求，集中彰显了中国式现代化的鲜明特征和独特优势，也为世界现代化理论和实践的重大创新提供了中国智慧和中国方案。

三

为帮助广大读者全面准确把握中国式现代化蕴含的独特世界观、价值观、历史观、文明观、民主观、生态观及其伟大实践，我们策划出版了"中国式现代化'六观'"丛书，从六个主题出发，也是从六个维度分别侧重研究中国式现代化，同时又形成密切联系、相互贯通的整体学理阐述，旨在讲清楚中国式现代化的理论和实践创新，讲清楚其鲜明特征、独特优势和重要价值、重大贡献，兼顾学理性和通识性，既是学术探讨，也是理论读物。

这套丛书具有鲜明特点。一是注重科学性。坚持唯物史观和大历史观，论从史出，史论结合，保证理论阐释的严谨性和史实叙述的准确性。二是注重权威性。坚持正确的政治方向、学术导向、价值取向，依据权威史料，传播富有说服力和感染力的中国理论、中国理念、中国价值。三是注重实践性。坚持解放思想、实事求是、守正创新，着眼于解决新时代改革开放和社会主义现代化建设的实际问题，得出符合客观规律的科学认识。四是注重前沿性。聚焦党和国家事业发展的重点、热点、焦点问题，深刻回答中国之问、世界之问、人民之问、时代之问，反映研究最新动态。五是注重创新性。在理论阐释、史料运用或历史叙事方面有新意，既把握宏观、讲清过程，又阐述经验、揭示规律。六是注重鲜活性。以精练适当的篇幅、通俗易懂的语言、鲜活生动的案例，向广大读者说清讲透中国式现代化蕴含的独特"六观"的深刻内涵和重大意义。

这套丛书具有重要的政治意义和理论价值。党的十八大以来，习近平总书记围绕中国式现代化发表一系列重要论述，立意高远，内涵丰富，思想深刻，进一步深化对中国式现代化的内涵和本质的认识，概括形成中国式现代化的中国特色、本质要求和重大原则，构建起中国式现代化的理论体系，使中国式现代化的图景更加清晰、更加科学、更加可感可行，对于深入研究、阐发中国式现代化理论具有十分重要的指导意义。这套丛书通过理论层面阐释中国式现代化蕴含的独特"六观"，有助于在生动的中国式现代化实践中构建出系统的理论图景，有助于体系化、整体化把握中国式现代化理论，有助于增进对党的创新理论的政治认同、思想认同、理论认同、情感认同。

这套丛书也具有重要的实践意义和现实价值。党的二十大明确指出，从现在起，中国共产党的中心任务就是团结带领全国各族人民全面建成社会主义现代化强国、实现第二个百年奋斗目标，以中国式现代化全面推进中华民族伟大复兴。全党要坚持党的基本理论、基本路线、基本方略不动摇，坚定道路自信、理论自信、制度自信、文化自信，坚持独立自主、自力更生，坚持道不变、志不改，既不走封闭僵化的老路，也不走改旗易帜的邪路，坚定不移走好自己的路，心无旁骛做好自己的事，坚持把国家和民族发展放在自己力量的基点上，坚持把中国发展进步的命运牢牢掌握在自己手中。这套丛书有助于从多维角度展现以中国式现代化全面推进中华民族伟大复兴的伟大实践，着重论述阐释中国式现代化基于我国国情的鲜明特色、独特优势和实践要求，有助于增强人们在党的领导下坚定不移走中国式现代化道路的自觉自信，坚定不移沿着中国式现代化道路奋勇开拓前进。

目 录

为世界现代化理论与实践创新提供中国智慧
——中国式现代化"六观"的独特价值与贡献　姜　辉 /1

导　论
中国式现代化蕴含独特的世界观 /1

第一章
聚焦世界大变局：对世界之问的时代洞察 /19

一、世界百年未有之大变局加速演进 /21

（一）世界经济版图之变 /22

（二）新一轮科技之变 /24

（三）国际政治格局之变 /26

（四）全球治理体系之变 /28

（五）中国之变引领世界之变 /29

二、人类文明十字路口的世界难题 /32

（一）道阻且长：世界经济复苏艰难 /32

（二）积重难返：发展鸿沟不断拉大 /34

（三）如履薄冰：生态环境持续恶化 /37

（四）阴魂不散：冷战思维死灰复燃 /40

三、世界面临一系列的现代化之问 /42

（一）两极分化还是共同富裕 /43

（二）物质至上还是物质精神协调发展 /44

（三）竭泽而渔还是人与自然和谐共生 /46

（四）"零和博弈"还是合作共赢 /48

（五）照抄照搬别国模式还是立足自身国情自主发展 /49

第二章
于变局中开新局：统筹"两个大局" /53

一、中国特色 /55

（一）基本国情观照：人口规模巨大 /56

（二）人民本位体现：全体人民共同富裕 /59

（三）必然要求所向：两个文明协调发展 /61

（四）创新发展诉求：人与自然和谐共生 /63

（五）合作机遇共享：走和平发展道路 /67

二、本质要求 /70

（一）从领导力量看 /71

（二）从方向旗帜看 /73

（三）从总体布局看 /76

（四）从人类视野看 /83

三、重大原则 /85

（一）根本保证：坚持和加强党的全面领导 /86

（二）旗帜引领：坚持中国特色社会主义道路 /88

（三）根本立场：坚持以人民为中心的发展思想 /90

（四）活力之源：坚持深化改革开放 /92

（五）精神品质：坚持发扬斗争精神 /94

第三章
回答世界之问的中国立场 /97

一、人民至上 /99

（一）人民是推进现代化最坚实的根基 /99

（二）现代化的最终目标是实现人自由而全面的发展 /101

（三）现代化要促进人类社会可持续发展 /106

二、独立自主 /109

（一）现代化不能"复制粘贴" /110

（二）"鞋子合不合脚，自己穿了才知道" /112

（三）百花齐放新图景 /115

三、守正创新 /117

（一）守好本和源 /118

（二）注入新动能 /120

（三）共推全球治理体系改革和建设 /123

四、立己达人 /125

（一）人类是一个一荣俱荣、一损俱损的命运共同体 /126

（二）共同做大人类社会现代化的"蛋糕" /129

（三）"己所不欲，勿施于人"：反对霸权主义和冷战思维 /131

五、奋发有为 /133

（一）现代化要通过发扬历史主动精神干出来 /134

（二）绘就波澜壮阔的现代化奋斗画卷 /136

（三）以奋斗姿态创造出新的历史伟业 /140

第四章
回答世界之问的中国方案 /143

一、始终不渝走和平发展道路 /145
（一）中国人民的选择 /146
（二）世界和平发展的中流砥柱 /148
（三）让和平与发展的阳光普照全球 /149

二、构建新型国际关系 /151
（一）对话而不对抗、结伴而不结盟 /152
（二）各国共享尊严、发展和安全 /153
（三）打造覆盖全球的"朋友圈" /155

三、落实"三大倡议" /157
（一）照亮人类发展未来 /157
（二）破解人类安全赤字 /164
（三）点燃人类文明之光 /172

四、构建人类命运共同体 /177
（一）建设一个持久和平的世界 /178
（二）建设一个普遍安全的世界 /178
（三）建设一个共同繁荣的世界 /179
（四）建设一个开放包容的世界 /181
（五）建设一个清洁美丽的世界 /182

第五章
中国式现代化之世界观的重要意义 /185

一、为解决时代难题提供新回应 /187

（一）为应对人口挑战提供新视角 /188

（二）为化解文明冲突提供新思维 /191

（三）为解决生态危机提供新立场 /193

（四）为应对全球发展挑战提供新主张 /195

二、为推进现代化理论创新提供新认识 /196

（一）新的理论贡献 /197

（二）新的解释视角 /199

（三）新的思想支撑 /201

（四）新的理论准备 /203

三、为推进现代化实践提供新方法 /205

（一）坚持现代化共同特征与各具特色相统一 /206

（二）坚持政党领导与人民主体相统一 /208

（三）坚持民族性与世界性相统一 /210

四、为把握现代化世界提供新视野 /212

（一）为发展中国家迈向现代化提供启发 /213

（二）为推进多元文明发展提供方向引领 /215

（三）为创造人类文明新形态提供新定见 /217

（四）为理解人类命运共同体提供新见解 /220

后　记 /223

导 论

中国式现代化蕴含独特的世界观

"彩云长在有新天。"习近平总书记指出："中国式现代化蕴含的独特世界观、价值观、历史观、文明观、民主观、生态观等及其伟大实践，是对世界现代化理论和实践的重大创新。"①在中国式现代化的这"六观"中，世界观居于首要位置，具有统领地位和决定作用，其他"五观"一定意义上都是由世界观所决定的。全面揭示和把握中国式现代化蕴含的独特世界观，对于深入理解中国式现代化的创新突破具有重大意义。

一、基本内涵

世界观是哲学范畴，但中国式现代化蕴含的独特世界观主要不是哲学概念，而是特指中国式现代化作为一种理论体系、发展道路，在世界百年未有之大变局加速演进、人类社会现代化进程到达新的十字路口的时代背景下，对人类面临的一系列世界之问的基本认识、深刻把握以及给出的治理方案，反映了中国式现代化对世界现代化的总的看法和总的办法。

按照通常的理解，哲学即是关于世界观的学说，是系统化、理论化的世界观。因而，世界观往往被视为哲学概念。实际上，在马克思主义的理论视野中，世界观是指人们对现实世界的总的根本看法。人们在认识世界和改造世界的过程中，必然会产生关于现实世界各种事物的各种看法，进而形成关于现实世界的根本看法，即形成世界观。而现代化世界观是指从特定现代化活动中折射出来的对世界（世界现代化）的总的看法。

---

① 《习近平在学习贯彻党的二十大精神研讨班开班式上发表重要讲话强调　正确理解和大力推进中国式现代化》，《人民日报》2023年2月8日。

15世纪以来，伴随着地理大发现时代的到来，特别是大工业的发展，人类的物质生产能力与普遍交往得到了前所未有的发展与扩大，世界历史被"首次"开创出来。历史向世界历史的转变不是人们的主观臆想和猜测，而是一个基本的不争的历史事实。现代化是世界历史时代的人类文明发展的基本主题之一。世界各国现代化的理论与实践，都是在世界历史往前推进的轨道上进行的、探索的，必然包含着对世界（世界现代化）的总体看法，形成并不断形成着现代化的世界观。

"树高千尺必有根，水流万里总有源。"作为现代化世界观的一种典型，中国式现代化蕴含的独特世界观的形成本身是由中国式现代化的创造决定的。中国式现代化是世界现代化的有机构成，其生成不是从天上掉下来的，而是中国融入世界历史、引领世界历史的伟大创造。

从历史上看，1840年鸦片战争以后，中国在西方列强的炮火裹挟下被强行纳入世界历史发展轨道，中国的现代化探索激荡开篇。洋务运动、戊戌变法、辛亥革命是在中国近代史上现代化求索阶段具有主线意义的标志性事件，而此后的五四运动、马克思主义在中国的传播，尤其是中国共产党的诞生，则标志着中国的现代化从被动求索转向主动选择、自觉探索。百年来，中国共产党始终高扬历史主动精神，领导中国人民成功走出了中国式现代化道路，创造了人类文明新形态，使中国式现代化成为了"当惊世界殊"的伟大世界历史成就。在这个过程中，必然要生成对世界（世界现代化）的总的根本性看法，即必然要生成中国式现代化的世界观。

中国式现代化蕴含的世界观是独特的。这里的独特性，在直接意义上，旨在说明中国式现代化世界观是区别于其他现代化世界观的世界观。在更深层意义上，是要说明这一世界观是特别契合现实需要的、积极面向当今世界的，具有深刻的现实导向性质。因而，中国式现代化世界观不仅是回答"怎么看"的现代化世界观，而且是回答"怎么办"的现代化世界观，超出一般的现代化世界观及其定义。尤其是在当下世界百年未有之大变局加速演进、人类社会现代化进程又一次来到历史的十字路口，中国式现代化世界观本身反映了中国式现代化对世界现代化的总的看法和总的办法，是对当今的世界之问、现代化之问的时代应答，为人类现代化建设供给了深邃厚重的中国智慧、中国理念、中国价值。

中国式现代化蕴含的独特世界观有其特定的理论基础。在新中国成立特别是改革开放以来的长期探索和实践基础上，经过党的十八大以来在理论和实践上的创新突破，我们党成功推进和拓展了中国式现代化，不仅在战略上不断完善，在实践上不断创新，更重要的是在认识上不断深化，特别是创立了习近平新时代中国特色社会主义思想，实现了马克思主义中国化时代化新的飞跃，为中国式现代化提供了根本遵循。习近平新时代中国特色社会主义思想的世界观和方法论，自然而然而又理所当然地成为了中国式现代化之世界观的理论前提。

二、关系向度

中国式现代化蕴含的独特世界观不是凭空而来的，其本身是人类文明发展大道上的产物，特别是实现了对马克思主义新世界观、中华优秀传统文化经典世界观、西方现代化世界观的集成再创造，具有多重关系向度。

（一）对马克思主义新世界观的守正创新

马克思主义实现了世界观的革命，从而成为新世界观，辩证唯物主义和历史唯物主义是这一新世界观的主要内容。中国式现代化是以马克思主义为指导的现代化，体现了科学社会主义的先进本质，其所蕴含的世界观以辩证唯物主义和历史唯物主义为理论本色。在中国式现代化的建设道路上，中国共产党人深谙，"如果头脑里没有辩证唯物主义、历史唯物主义的世界观，就不可能以正确的立场和科学的态度来认识纷繁复杂的客观事物，把握事物发展的规律"①，辩证唯物主义和历史唯物主义是中国共产党在现代化奋进征途中一以贯之、始终坚持的世界观。

但中国式现代化蕴含的独特世界观不是马克思主义新世界观的简单重现，而是马克思主义中国化时代化守正创新的形态。作为新世界观的马克思主义，绝不是凝固的、恒定的、一成不变的，而是始终处在动态发展中。就像恩格斯所澄明的，《关于费尔巴哈的提纲》是马克思主义新世界观的"天才的萌芽"，而《哲学的贫困》《共产党宣言》则标志着这一全新世界观的"正式问世"，而后的《资本论》则意味着这一世界观得到了更具连贯性、系统性的阐述。马克思主义总是要在发展中证明自己的真理性质。走出中国式现代化道路，并不是马克思所直接设想以及直接实践的，在其中生成的独特世界观，只能在马克思主义指导下从中国人自己的现代化实践中产生，用中国人自己的思维语言加以创造性表述。概言之，中国式现代化之世界观以马克思主义新世界观为"理论原型"，同时又结合中国现代化发展的具体实际、

---

① 习近平：《辩证唯物主义是中国共产党人的世界观和方法论》，《求是》2019年第1期。

历史条件、文化传统，不断赋予其以鲜明的中国化时代化内涵。

(二) 对中华优秀传统文化经典世界观的转化发展

在西方现代化理论当中，传统与现代彼此对立，传统就等同于落后，告别传统，似乎是人类现代化的"当然使命"。当近代中国遭遇了反复的挨打教训后，"中国及其文化传统是落后的"这一印象牢固地在国人心中扎下根来。因而，在中国走向现代化的进程中，其社会内部包含着强烈的传统落后认知与强劲的文化反省力量，中华文化传统连同其世界观经历了反复的历史冲击。马克思指出："对人类生活形式的思索，从而对这些形式的科学分析，总是采取同实际发展相反的道路。这种思索是从事后开始的，就是说，是从发展过程的完成的结果开始的。"①当中国式现代化道路业已走出，当我们具有了从后思索中国现代化事业的"厚重事实基础"时，一个比较清晰的认知是：中华优秀传统文化经典世界观在同马克思主义新世界观的"两相结合"中，以潜移默化、润物无声、独具特色的形式内容渗入到了中国式现代化的伟大创造中，成为了中国式现代化之独特世界观的有机构成。这样的认识在人类现代化进程中并不鲜见。譬如，欧洲正是通过文艺复兴这一回溯古希腊、古罗马文化的运动而孕育和开创了西方现代世界。

"天下"是中华优秀传统文化中最具世界观表达意义的范畴，天下观可以被理解为中国人的传统经典世界观。《道德经》言曰："故以身观身，以家观家，以乡观乡，以邦观邦，以天下观天下。吾何以知天下之然哉？以此。"这是中华文明传统世界观的经典表达。在中国的天下主义传统中，天下是无外的天下，是容纳一

---

① 《马克思恩格斯文集》第5卷，人民出版社2009年版，第93页。

切的天下，所有地方、所有人都可以同在于一个天下的"屋檐之下"。也正是基于这样的"天下"（世界）理解，中华优秀传统文化中又孕育出天下为公、天下属民、天下大同、天人合一、天地无私、自强不息、厚德载物等理念，显示出中华文明重人事、崇和合、尚奋斗等文化自觉。中国式现代化蕴含的世界观，之所以是独特的，一个重要的原因就在于，中国式现代化之世界观中蕴含着中华民族对天下（世界）、天人等关系的独特理解，使中华文明以转化发展的现代形态同时代照面。中国式现代化虽然以"中国式"定义自身，但却在现代言说着中华文化传统天下观，本身并不拒斥人类社会现代化探索的丰富性、多样性、多元性，而是把自己视为人类现代化图景的有机构成，旨在繁荣世界文明百花园。

（三）对西方资本主义现代化世界观的革新超越

从人类现代化的历史来看，近代西方的现代化实践具有开端意义。沿着这样的历史开端，创造出了资本主义现代化。但在资本主义意识形态话语遮蔽下，资本主义生产方式被"神秘化"了，资本主义现代化的理论与实践被宣布为具有历史必然性。然而，在资本主义现代化的世界图景当中，"两极分化严重致使社会矛盾丛生"的事实有之，"物质主义膨胀造成精神世界萎靡"的事实有之，"人与自然对立造成生态危机"的事实有之，"对外扩张掠夺造成战争伤痕"的事实有之，特别是经济危机的周期性发生，充分显示了资本主义现代化及其世界观的历史有限性。

中国式现代化及其独特世界观的生成创造，不是在资本主义的老路上徘徊，而是走出了根本超越资本主义的、蕴含中国特色于其中的社会主义新路。中国式现代化是马克思主义指导下的伟大创造，以社会主义为根本属性，这是中国式现代化超越资本主义现代化的逻辑之根本。同时，中国式现代化是体现中国特色的社会主义现代化，中国式现代化的中国特色，生动书写了中国式现代化对资本主义现代化的具体超越。中国式现代化是人口规模巨大的现代化，这超越了英美等资本主义国家开始或者领跑现代化时的人口量级；中国式现代化是全体人民共同富裕的现代化，这超越了资本主义现代化对两极分化严重问题的无力克服；中国式现代化是物质文明和精神文明相协调的现代化，这超越了资本主义现代化所造成的物质文明和精神文明的失衡状态；中国式现代化是人与自然和谐共生的现代化，这超越了资本主义现代化境遇中人与自然的矛盾对立；中国式现代化是走和平发展道路的现代化，这超越了资本主义现代化建构中的非和平属性。

三、重要特征

在人类现代化的历史上，西方资本主义国家长期奉行"国强必霸"的丛林法则和零和博弈的思维方式，试图以西方中心主义世界观，迫使"东方从属于西方"。中国式现代化蕴含的独特世界观，则坚定遵循习近平新时代中国特色社会主义思想的世界观和方法论，已经成为回应人类现代化之问的全新思维方式，书写了世界现代化的时代新叙事。

坚守人民至上理念，突出现代化方向的人民性。中国式现代化自觉把人民作为现代化建设的坚实根基与深厚力量，把现代化的最终目标落脚到实现人的自由全面发展上。在领导中国人民从求而不得到成功创造、从落后挨打到自信自强的现代化征程中，中国共产党始终秉持鲜明的人民立场，尊重人民主体地位，自觉做人民的学生，坚持走群众路线，把现代化追求、党的事业和群众的幸福同向谋划、一体统筹，中国式现代化建设目标、党的宗旨性质、初心使命等无不展现中国共产党的"为民"领导特质，科学实践了共产党"没有任何同整个无产阶级的利益不同的利益"这一社会主义现代化建设的基本原则。在新时代中国共产党的治国理政实践中，习近平总书记从马克思主义价值立场出发，凝结中国共产党"人民至上"历史经验，用"以人民为中心"确定了中国式现代化的发展中心立场。坚守人民至上理念，凸显了中国式现代化的属人性，在世界观意义上澄明了现代化道路能否走得通、行得稳、走得正，根本就在于是否坚持以人民为中心。

秉持独立自主原则，探索现代化道路的多样性。在世界现代化史上，后发现代化国家主动或被动走上照抄照搬西方现代化模式的道路并不鲜见，这样的模仿往往以让渡独立求发展，却终因没有独立而失发展，历史的结局往往是悲剧性的。现代化不是唯西方化的"单项选择"，更不是少数国家的"垄断产品"。英美等西方国家作为现代化的先发国，为探索现代化的一般规律作出了历史性贡献，但并没有也不可能提供放之四海而皆准的、定于一尊凝固化的现代化标准。现代化是普遍与特殊的统一，是抽象与具体的统一。各国历史环境的复杂性、具体国情的特殊性、文化传统的历史性，决定了各国走向现代化的经历注定不同。中国式现代化是独立自主的道路，是饱含中国特色的道路，其世界观申言了要探索现代化道路的"多样性"。中国式现代化成功将后发外生型现代化转化为内生型现代化，打破了发展中国家追求发展与让渡独立性之间的悖论，革除了落后国家对西方模式的迷思，作为现代化发展的中国方案呈现在世界一切想发展、要发展的国家面前。

始终树立守正创新意识，保持现代化进程的持续性。中国式现代化的创造过程，体现着科学识变、准确应变、主动求变的守正创新自觉，守正创新是中国式现代化得以持续创造、持续拓宽、持续发展的根本之所在。中国式现代化因其守正而固本，因其创新而开源，既不走"改旗易帜"的邪路，也不走"因循守旧"的老路。中国式现代化世界观的叙事理论及其实践，既守马克思主义基本原理之正，又不断创中国化时代化马克思主义之新；既守党的全面领导之正，又不断创领导方式之新；既守党的百年奋斗经验之正，又不断面向新问题新情况新挑战创时代之新；既守中华优秀传统文化、中国特色社会主义之正，又不断创人类文明形态之新。中国式现代化所凸显的守正创新世界观，申言了保持现代化进程持续性的方法论要求。"走向现代化"是世界各国的基本发展共识，这既是全人类业已确定的历史伟业，又是一项未竟的伟大事业，要以守正创新意识保证事业的接续性，同时要不断创新现代化理论与实践，不断培育人类社会现代化发展的土壤，不断优化人类社会现代化的存在形式与发展形态。

始终弘扬立己达人精神，增强现代化成果的普惠性。西方资本主义现代化是以利己为优先选项的现代化。且不论西方资本主义现代化建构初期阶段对他国、他民族的殖民剥削、暴力掠夺、资源抢劫，仅看当前欧美政治中充斥的"美国优先""英国优先"等政治宣传口号，就能加以确证。中国式现代化的世界观立场不是复述了利己要求，而是与之迥然相异，高扬着立己达人精神，倡导增强现代化成果的普惠性。中国式现代化的创造过程，不是谋一国之私、逐一国之利的过程，而是做大人类现代化成果"大蛋糕"的过程，是使人类现代化成果更好惠及全人类的过程。在中国式现代化的文明景观中，文明交流、文明交融、文明共存不仅是可能的，而且是现实的。中国式现代化的立己达人世界观及其实践，深刻彰显"任何国家追求现代化，都应该秉持团结合作、共同发展的理念，走共建共享共赢之路。走在前面的国家应该真心帮助其他国家发展。吹灭别人的灯，并不会让自己更加光明；阻挡别人的路，也不会让自己行得更远"①。

保持奋发有为姿态，确保现代化领导的坚定性。现代化是世界历史时代的浩荡大势，任何民族国家都不可阻遏。但这并不意味着现代化是唾手可得的。从人类现代化的具体实践来看，各国现代化的探索、创造都是道阻且长的。西方发达国家的现代化成就，大多经历了数百年的历史建设周期，饱尝了现代化发展的艰辛。譬如，作为唯一现代化原型国家的英国，其现代化发展历程也是经历了漫长的复杂历史，英国现代国家政治机制的确立耗费了470余年的时间；现代经济体系（工业化体制）的建构经历了4个世纪，且使无数人付出倾家荡产、产业重置的代价。而中国仅用数十年的时间，就创造了西方发达国家数百年方才取得的发展成就，相对缩短和减轻了现代化的"分娩痛苦"。质言之，中国式现代化使西方现代化的历时性成就共时性化了。其中根本的原因就在于，中国式现代化的创造过程，是中国共产党本质力量和领导能力的对象化过程。中国共产党是把国家组织起来的领导党，这既表现为领导新民主主义革命时的救亡图存，还表现为新中国成立后的治国理政，又表现为通过不断锤炼自身、自我革命以提高领导能力，体现了中国共产党领导人民创造现代化伟业的强烈历史主动精神。在这样的意义上，中国式现代化之世界观揭

---

① 习近平：《携手同行现代化之路——在中国共产党与世界政党高层对话会上的主旨讲话》，《人民日报》2023年3月16日。

示了要保证现代化领导的坚定性。

四、世界贡献

中国式现代化蕴含的独特世界观既是伟大的中国创造，又是全球公共产品，在强国建设、民族复兴路上，在世界现代化进程中生发、光大，开创人类社会现代化的全新观照方式，为把握世界现代化提供了新尺度、新思维、新视野，对世界发展具有重大贡献。

（一）为评价世界现代化提供了新尺度

在关于现代化的评价上，"现代化=西方化"这个公式曾充盈着人们的头脑。原因在于，从历史上看，现代化奠基于西欧自14世纪以来所实现的巨大文明突破，直接起势于18世纪中后期发生的英国工业革命与法国政治革命，而后表现为逐步从西欧向世界蔓延的推进过程。在这一过程中，由西方主导的现代化浪潮使世界上绝大部分地区都受到了现代化影响、冲击，从而使各民族国家主动或被动开启了现代化进程。从现实上看，当今世界的现代化国家无一例外都是采取西方现代化发展模式而成为发达国家的。这样的现代化历史与现实，使得西方现代化道路被鼓吹为人类社会发展的"普遍性图式"，也制造了"现代化=西方化"的迷思。

在这一迷思背后，实际上蛰伏着"西方中心论"的世界观立场。按照西方中心论的理解，西方现代化理论与实践，是人类现代化的"唯一典范"，是世界各国通往现代化的"唯一正确道路";西方现代性文明具有绝对优越性,有别于西方的其他一切文明都属于"非中心文明"和"他者文明"。近代工业革命以来,伴随着西方实力地位的增强,西方中心论大行其道。在非西方国家的现代化探索问题上,西方世界往往表现出"教师爷"般的颐指气使,甚至不惜动用武力加以教训。实际上,西方现代化并不是尽善尽美的,资本逻辑的弊病、两极分化的痼疾、精神世界的疲敝、人与自然的对立等问题在西方国家内部长久地存在着。在当今时代,用以支撑西方中心论的"现实地基"呈现出越来越松动的困窘态势。

中国式现代化及其世界观是根本有别于西方现代化模式的。近代以来,中国的现代化探索也曾积极"向西方学习",而"先生总是欺负学生"的事实给了国人极大的教训。正是通过坚定不移"走自己的路",中国的现代化事业才光明起来。中国式现代化不是西方现代化模式的中国复制,中国式现代化蕴含的独特世界观也不是"西方中心论"合理性、科学性的中国印证。恰恰相反,中国式现代化及其世界观具有鲜明的中国特色,体现出卓越的中国智慧,彰显了中国人对人类现代化的独特理解,是对人类现代化理论和实践的重大创新,为人类评价现代化提供了有别于西方的新标尺。习近平总书记指出:"中国式现代化,打破了'现代化=西方化'的迷思,展现了现代化的另一幅图景,拓展了发展中国家走向现代化的路径选择,为人类对更好社会制度的探索提供了中国方案。"[①]在西方先发现代化国家党争频仍、民生罔顾、迷信霸权、鼓吹战争、固守己见的当代历史背景下,中国式现代化蕴含的独特世界观的历史道义性、合理性愈发凸显。需要

---

① 《习近平在学习贯彻党的二十大精神研讨班开班式上发表重要讲话强调　正确理解和大力推进中国式现代化》,《人民日报》2023年2月8日。

澄明的是，中国式现代化之世界观，不是主张以"中国中心论"取代"西方中心论"，而是申言了各国现代化探索道路的多样性、多选择性，旨在推动"各具特色"的现代化事业汇聚成壮阔的时代潮流，这恰恰表现了对一切歧视他者的"中心论"的根本拒斥。

（二）为世界现代化建设提供了新思维

世界观总是要通过革新人们认识世界、改造世界的思维方式来发挥作用。按照马克思主义哲学的理解，思维与存在具有同一性。在思维中正确把握存在，不仅可能而且可行，这是马克思主义的认识论自觉。但思维与存在的关系又不是直接的、无矛盾的同一。特别是，现实存在的变动不居，总是要求不断以新思维方式（新世界观）抵近客观现实的"深层本质"。人类现代化建设，是一项不可能一蹴而就、一劳永逸的宏大伟业，在不同历史阶段面临着不同的历史实际，因而也不断呼唤着世界观新思维。

当前的人类现代化建设面临着种种思维困境。就大的方面而言，主要表现为西方思维定势之困。西方现代化建设在其思维立意上，主要是高扬了包括资本至上思维、霸权思维、战争思维等在内的西方思维。这一系列的西方思维，曾极大地推动了西方现代化发展。比如，资本本质的逐利性推动着生产的社会化，驱使整个资产阶级自觉在世界各地奔走，忙于到处开疆拓土、建立联系，使西方现代化显示出前所未有的巨大生产能力。又如，丛林法则或者霸权思维构成西方现代化得以建构的基本秩序，在这样的秩序结构内，弱肉强食、赢者通吃现象是那样地平常且自然，近代中国的悲惨遭遇充分显示了这一点。还如，回看近代以来的世界历史动向，西方现代化先发国家大多选择通过战争为自己的现代化发展赢得主动，开辟出对外扩张侵略的现代化"老路"。直到今天，一些西方现代化先发国家仍然不断通过鼓动战争，甚至是直接进行战争来为自己谋利。然而，在当前的人类现代化建设实际中，上述西方思维不仅是缺乏实践效力的，而且被广泛认为是"非正义"的，甚至于仍然奉行之的西方强国也无力为之辩护。质言之，现代化的西方思维已然陷入历史性的失落当中，不得不成为"旧思维"。

中国式现代化之世界观本身蕴含着掌握世界现代化的基本方式。同时，中国式现代化世界观不是以零星的形式内容克服西方思维，而是以整全的形式内容全面扬弃了西方思维，整体呈现为根本区别于西方旧思维的发展新思维。在中国式现代化之世界观的理解中，人类现代化具有属人性，人不是资本增殖的工具，而是目的，资本发展的出发点和落脚点都在于实现人的发展，不顾人、漠视人、凌驾于人之上的发展是无意义的；殖民主义、霸权主义的现代化是非正义的现代化，给被殖民、被霸权的国家带来了严重历史灾难，也是那些西方国家无法抹除的历史罪恶；和平是全世界正义力量的共同呼唤，和平发展、合作共赢是世界现代化建设的人间正道。中国式现代化的伟大实践，真正开拓出了中国式现代化之世界观的可靠"实证基地"。

（三）为世界现代化未来提供了新视野

中国式现代化本身是一种具有远大前景的全新的人类文明形态，中国式现代化蕴含的独特世界观超越了西方现代化世界观对现代化的抽象理解，开拓出对人类现代化未来的辩证新理解、新视野。

其一，现代化是共性和个性的统一，个性可以向共性转变。

在中国式现代化之世界观的理解中，作为世界各国的共同事业，现代化体现出普遍性，也必然有其共性特征（要求）。比如，现代化发展包含生产方式变革、科技产业革命引领、人与自然物质转换、融入世界历史等共性要素。共性贯穿于各国现代化建设的始终。否认了现代化的共性特征，就是否定了现代化这一人类共识。但现代化的共性寓于现代化的个性当中，没有现代化的个性，就没有现代化的共性。中国式现代化的中国特色，本质上是现代化共性的个性呈现。尤其是，在中国式现代化世界观的理解中，现代化的共性和个性，不是共性转化为个性的单向过程，而是共性和个性的双向转化过程，个性有可能转化为共性。近代以来的一段时间里，中国的现代化探索主要表现为"现代化在中国"，这就反映了现代化共性赋值个性的过程。中国式现代化的创造及其世界历史意义的进一步凸显，丰富了全人类对现代化的一般理解，标志着实现了现代化个性向共性的转化。

其二，现代化是世界性与民族性的统一，民族性可以向世界性转变。在中国式现代化的世界观语境中，现代化是在民族史转向世界史的过程中形成、铺展的。民族史转向世界史的过程，不是民族的消亡史，而是民族史的世界历史意义凸显史。因而，现代化兼具世界性与民族性，现代化的意义证明要在民族与世界的双重向度上得到确证，现代化的民族性有可能转向世界性。中国式现代化是在中华民族伟大复兴求索的历史背景下创造的。但中华民族伟大复兴的历史重任，既是在世界历史的时代铺展中提出的，又是必然要在世界历史向前推进中实现的。实现中华民族伟大复兴，既关乎中华民族发展，更关乎世界发展，体现着从民族意义向世界意义跃迁的过程。作为民族复兴的世界观和方法论，中国式现代化的开拓与建构，本身内含且现实地实现着推动现化从民族性转向世界性的要求。

概言之,中国式现代化蕴含的独特世界观,是习近平新时代中国特色社会主义思想世界观和方法论的转化形态或叙事方式,既基于中国国情、又借鉴各国经验,既传承历史文化、又融合现代文明,既造福中国人民、又促进世界共同发展,是我们强国建设、民族复兴的方法论,反映了中国共产党和中华民族独特的"观"世界的方式,回答了"中国式现代化与世界"的关系问题,体现了关于现代化之问的中国叙事方式,是对世界现代化理论和实践的重大创新。

第一章

聚焦世界大变局：
对世界之问的时代洞察

当今世界正经历百年未有之大变局，全球政治经济格局正经历大重构。这种"变"是嵌入世界政治、国际经济与全球观念等各个领域而产生的自20世纪初甚至是近代以来从未有过的深刻变化。变局随之带来了世界经济复苏艰难、南北发展鸿沟不断拉大、生态环境持续恶化、冷战思维阴魂不散等一系列世界性难题，人类社会的现代化进程又一次来到历史的十字路口。

因而，"两极分化还是共同富裕""物质至上还是物质精神协调发展""竭泽而渔还是人与自然和谐共生""零和博弈还是合作共赢""照抄照搬别国模式还是立足自身国情自主发展"等世界现代化之问被提出。习近平总书记指出："面对这一系列的现代化之问，政党作为引领和推动现代化进程的重要力量，有责任作出回答。"[①]中国共产党作为马克思主义政党，坚持以中国式现代化之世界观为引领，始终致力于在引领自身发展的同时又造福世界，为世界和平注入更多正能量，为全球发展带来更多新机遇。

一、世界百年未有之大变局加速演进

"我们所处的是一个风云变幻的时代，面对的是一个日新月异的世界"[②]，当今世界正处于大发展大变革大调整时期，世界之变、时代之变、历史之变正以前所未有的方式展开，人类面临许多共同挑战。中国式现代化及其世界观则蕴含着准确识变、科学应变、主动求变的时代智慧，能够科学把握人类现代化进程中

[①] 习近平：《携手同行现代化之路——在中国共产党与世界政党高层对话会上的主旨讲话》，《人民日报》2023年3月16日。

[②] 《习近平谈治国理政》第1卷，外文出版社2018年版，第272—273页。

正在发生的变革性趋势。

（一）世界经济版图之变

自21世纪以来，世界经济版图发生了前所未有的深刻变化。发达国家和发展中国家在国际分工体系中的地位角色发生重大转变，发达国家经济增长乏力，新兴经济体和发展中国家在世界经济中占据越来越大的份额，世界经济重心加快"自西向东"位移。这些重大且复杂的经济版图之变化涉及全球化发展、数字化转型、新兴市场国家崛起、绿色经济发展等诸多方面，对世界经济发展产生了重大影响。

第一，全球化呈现出新的特征和变化。随着全球价值链的不断延伸和分工的加深，各国之间的贸易和投资关系变得更加紧密。特别是，在新型经济全球化中，虽然发达国家仍然占据很强的支配地位，但发展中国家和新兴经济体发挥着重要作用，成为推动新型经济全球化的重要力量。这样的全球化特征，呼唤更加公平和包容的全球治理机制。

第二，世界经济数字化转型是大势所趋。新技术的出现和应用，使得数字经济、智能制造、互联网金融等领域快速崛起。此外，数字化还催生了共享经济、电子商务、在线教育等新兴业态，改变了传统产业和商业模式。数字化的兴起也加速了人类生产生活方式的转变，促进了经济发展的转型升级。根据统计数据，2019年全球数字经济规模已经达到了11.5万亿美元，预计到2025年将达到23.6万亿美元。数字经济的崛起，使信息技术、电子商务、智能制造等新兴产业得以快速发展，成为经济增长的重要动力。

第三，新兴经济体群体继续崛起。中国、印度、巴西、俄罗斯等国家的快速发展，使得新兴市场国家成为全球经济增长的新引擎。近年来，新兴市场国家和发展中国家保持相对于发达经济体更快的增长速度，对世界经济增长的贡献率达到80%，经济总量占世界的比重接近40%，多个发展中心在世界各地区逐渐形成，使全球发展的版图更加全面均衡。这些国家的崛起也改变了全球产业分工和竞争格局，挑战了传统的全球经济治理模式。

第四，绿色经济成为全球产业竞争制高点。随着环境问题和资源短缺的日益突出，绿色经济开始成为世界各国转型升级的重要选择。全球各国积极推动绿色技术和可再生能源的发展，以实现经济增长与环境保护的良性循环。人们在享受生产力迅速发展的同时，也积极寻找解决资源短缺和环境问题的新方案。绿色经济的产生和发展缓和了经济发展和环境保护二者之间的矛盾，也为全球经济提供了新的增长点和市场机会。

第五，区域经济一体化趋势迅猛发展。欧盟、东盟、拉美、非洲等区域经济组织的建设和发展，使得区域内的贸易和投资关系更加紧密，促进了资源和产业的优化配置。目前发达国家之间强强联合，面对来自以中国为首的新兴经济体的竞争时，通过新载体作为依托来实现自身的经济发展，制定新的国际贸易规则，进而巩固自身在世界经济版图中的话语权及主导权地位。这一现状要求发展中国家建立伙伴关系，积极与不同政治体制的国家进行合作，大力发展区域性和多边的自贸协定。此外，区域经济一体化也为全球经济增长和贸易自由化提供了新的动力和机遇。

第六，全球发展鸿沟更加突出。当前，全球贫富差距不断扩大，发展失衡问题成为长期困扰全球发展的突出问题。新冠疫情的全球肆虐导致经济发展连续性本就脆弱的欠发达国家面临严重的经济、财政危机，治理能力的欠缺更是放大了危机的潜在伤害性。据美国人口普查局2022年公布的报告显示，2021年美国基尼系数达到创历史新高的0.494，富人和穷人之间分化明显，种族收入差距扩大。尽管全球化大势下发达国家和发展中国家之间的差距逐渐缩小，但后疫情时代逆全球化兴起，发展中国家经济发展速度明显放缓。

第七，随着全球治理和国际秩序的变革，世界经济版图也面临着新的挑战和变化。单边主义、贸易保护主义、气候变化等全球性问题，对世界经济的稳定和发展产生了不良影响。贸易保护主义在一些国家和地区愈演愈烈，这种情况不仅威胁全球贸易和经济的稳定，也会使各国在经济上互相孤立。因此，需要各国加强合作，共同推动全球治理体系的改革和完善，构建更加公正、平等、包容的国际秩序，以应对世界百年未有之大变局带来的挑战和机遇。

世界经济版图之变带来了全球性的机遇和挑战，需要各国加强合作，共同推动全球治理和国际秩序的变革，实现全球经济的可持续发展和共同繁荣。

（二）新一轮科技之变

新一轮科技革命和产业变革带来的新陈代谢和激烈竞争前所未有，引领着经济的变革和升级，推动着传统产业向智能化和服务化转型，同时也催生了新的产业、新的业态和新的商业模式。这种变化和创新不仅有力重构了全球创新版图、重塑了全球经济结构，而且深刻改变了人类社会生产生活方式和思维方式，给国际格局和体系的构建带来广泛而深远的影响。

第一，智能化和自动化生产模式的广泛普及和推广。随着人工智能、物联网等新技术的发展和应用，越来越多的企业开始将智能化和自动化生产模式引入生产流程，提高生产效率和质量，降低生产成本。同时，智能化和自动化也改变了传统的人力资源配置和用工模式，给就业市场带来了新的挑战和机遇。

第二，新能源和新材料的应用和发展。随着能源问题和环境问题日益严峻，新能源和新材料的研究和应用成为世界各国的重要战略目标。太阳能、风能、地热能等新能源的应用和发展正在逐渐替代传统能源，成为全球能源结构调整的重要动力。新材料的研发和应用也为各个产业的发展提供了新的支撑和动力，从而推动了经济的发展和升级。

第三，共享经济的蓬勃兴起。共享经济是一种基于互联网技术的新型经济模式，通过资源共享和协同合作的方式，实现资源的最大化利用和社会效益的最大化。共享经济模式的兴起改变了传统经济模式和商业模式，促进了消费升级和商业变革，也为企业提供了更广阔的发展空间。

第四，生物科技和医疗健康产业的发展。随着生物科技和医疗技术的不断进步，以及新的医疗技术和医疗器械的出现，医疗健康产业成为世界经济中的新兴产业。生物医药、智能医疗、健康管理等新兴产业正在迅速发展，为人类健康提供了更好的服务和支持，同时也成为新的经济增长点。

第五，人口结构的变化和城市化的加速推进。随着人口老龄化和城市化的不断加速，世界经济正在进入一个全新的发展时期。劳动力的减少导致人力成本的上涨，高素质人口数量的增加促进了生产效率和创新能力的提高。人口结构的变化对消费结构和市场需求产生了重要影响，同时城市化的加速也为城市经济和城市产业的发展提供了新的机遇和挑战。

新一轮科技革命和产业变革在全球化的进程中展现出深刻的

变化和新的特征，这些变化正在推动着世界经济的发展和升级。新兴科技的快速发展，不仅给各个行业带来了变革和挑战，也加剧了全球范围内的不稳定性和不确定性。人工智能、自动驾驶等技术的不断发展，可能对全球劳动力市场和就业产生巨大的冲击。随着技术的不断创新和应用，未来经济版图的新变化和新特征还将不断涌现，我们需要不断适应和应对这种变化，推动经济的可持续发展，进一步提高人民生活水平。

（三）国际政治格局之变

近年来，随着全球化进程的深入和各种复杂因素的影响，国际政治格局出现了一些新的表现。国际政治格局是指各国之间在政治、经济、军事等方面相互关系的总体形态和结构。"发达国家内部矛盾重重、实力相对下降，一大批发展中国家群体性崛起，成为影响国际政治经济格局的重要力量"[1]，国际力量对比发生的革命性变化前所未有。

第一，多极化趋势愈加明显。美国等西方国家的相对衰落和其他国家的崛起，导致全球力量对比发生变化，多个国家和地区正在成为新的大国或地区性力量。中国、俄罗斯、印度、巴西等新兴大国，正在日益增强其国际影响力和地位。这一多极化趋势的出现，使得国际关系更加复杂和多元化，各国需要面对更多的政治、经济和安全挑战。

第二，经济全球化进程正在加速演变。全球化进程的快速发展为世界总体产生新的影响力。随着信息技术和交通技术的不断发展，全球化已经不再仅仅是一个经济概念，而是一种全方位、

---

[1] 中共中央宣传部：《习近平新时代中国特色社会主义思想学习问答》，人民出版社、学习出版社2021年版，第44页。

多层次的全球化现象。国际社会的相互关联性和依存性越来越强，全球性问题和挑战也在不断增加。在这种情况下，全球化趋势的新表现需要全球各国积极合作，推动国际合作与共赢。

第三，非传统安全威胁越来越突出。随着全球化进程的不断深入，各种非传统安全威胁如气候变化、疫病、网络攻击等已经超越国界和地域限制，成为国际社会共同面临的威胁。这些威胁不仅会对个别国家，更会对全球性的稳定和安全产生影响。此外，新冠疫情的暴发引起了全球范围内的关注，不仅对全球经济、贸易和旅游业等产生了巨大的冲击，也对全球公共卫生安全产生了威胁。因此，各国需要加强合作，制定更加有效的应对措施，确保全球稳定和安全。

第四，国际制度和规则面临挑战。国际制度和规则的建立是维护国际和平与安全的基石。然而，在当前的国际政治格局中，一些国际制度和规则正在面临挑战。例如，国际贸易的保护主义、核裁军和核不扩散的问题、国际人权标准和规则的实施等。这些问题需要国际社会共同努力，通过多边合作和对话，推动国际制度和规则的完善和发展，维护国际秩序和稳定。

第五，地缘政治风险突出，全球政治、经济和安全局势都存在不稳定性和不确定性。中东地区冲突、难民危机、朝鲜核问题和乌克兰危机等地缘政治风险对国际社会产生了不利影响。这些风险对国家崛起和企业间对话构成实质性障碍，要以平等、开放、合作、共赢、发展的新思维缓解现实主义地缘经济思维所可能引发的地缘竞争与冲突。

国际政治格局的新表现表明了各国之间的联系和依赖已经越来越紧密。各国需要在尊重彼此利益和国家主权的基础上，通过对话和合作，加强多边机制和制度建设，推动国际关系更加公正、平等和有效，推进全球化趋势的持续发展和繁荣。只有在共同努力下，才能够实现全球和平、安全、繁荣和可持续发展的目标，建立更加和谐、平等和美好的世界。

（四）全球治理体系之变

随着全球化的不断深入发展，全球治理体系面临着越来越多的挑战和变化。全球治理体系的不适应、不对称问题前所未有，西方发达国家主导的国际政治经济秩序越来越难以为继，发展中国家在国际事务中的代表性和发言权不断扩大，全球治理越来越向着更加公平合理的方向发展。其中，不适应、不对称的新表现越来越显著，主要包括以下几个方面。

第一，全球治理体系在应对全球化带来的新挑战方面风险重重。全球化带来的各种经济问题，如国际贸易争端、金融危机等，已经超出了传统的国家治理范畴；同时环境问题仍然瞩目，气候变化、自然灾害、能源短缺等环境问题对世界的稳定和可持续发展带来了挑战。这些问题需要全球范围内的合作和协调才能够得到解决。然而，现有的全球治理机制往往缺乏有效的合作机制和执行力，导致问题难以得到解决。

第二，全球治理体系的不对称性问题也日益突出。由于历史发展水平的不同，各国在全球治理中所扮演的角色和影响力存在巨大的差异。一些发达国家在全球治理体系中处于主导地位，而一些发展中国家则缺乏发言权和代表性。这种不对称性不仅影响了全球治理体系的公正性和合法性，也导致了全球治理机制的不可持续性和不稳定性。

第三，全球治理体系在面对新兴威胁时存在不适应的问题。世界百年未有之大变局进入加速演变期。尽管时代主题仍然是和平与发展，但不稳定性、不确定性显得尤为突出。随着科技的不断发展和全球化的加速推进，新兴威胁也愈发复杂和多样化。比如，网络安全、生物安全、恐怖主义等问题的出现，需要全球治理体系拥有更强的协作能力和应对措施。然而以现有的全球治理机制来看，往往缺乏足够的敏捷性和反应速度，无法有效应对这些新威胁。

总之，全球治理体系在应对全球化带来的新挑战、解决不对称性问题以及面对新兴威胁方面存在着不适应、不对称的新表现。为了应对这些挑战，全球社会需要更加紧密的合作，加强全球治理机制的改革和创新，使其更加公正、透明、有效和可持续。

（五）中国之变引领世界之变

习近平总书记强调："中华民族伟大复兴，是造成世界百年未有之大变局的重要原因；世界面临百年未有之大变局，给中华民族伟大复兴带来重大机遇。"[1]中国是世界第二大经济体和人口大国，其发展成就和发展经验不仅对中国自身具有重要意义，也对世界经济和国际秩序产生深远影响。中国的变化不断正向引领着世界的变化。

第一，新发展格局的初步构建。中国经济的高速发展和转型升级，不仅极大地推动了亚洲地区和全球经济的发展，也为世界贸易和投资创造了更多的机会。中国提出了"一带一路"倡议，旨在加强与沿线国家的经济合作，推动沿线国家的基础设施建设和经济发展。这一倡议不仅有助于中国和沿线国家的经济合作，

---

[1] 中共中央宣传部：《习近平新时代中国特色社会主义思想学习问答》，人民出版社、学习出版社2021年版，第44页。

也为全球经济的互联互通和繁荣作出了贡献。同时，中国加入世界贸易组织以来，积极参与全球经济治理，推动了全球贸易规则的建立和发展，成为全球经济的重要参与者和推动者。中国还打造了全球最大的市场，这为全球的企业和创新者提供了广阔的发展空间。中国的市场规模和消费能力的不断增强，吸引了越来越多的外资流入，促进了全球经济的发展。

第二，国际地位的提升。中国作为一个重要的新兴大国，在国际事务中的地位不断提升。中国积极参与联合国维和、气候变化、反恐、非洲等全球性议题，为世界和平稳定和国际合作发挥了重要作用，在全球事务中提供更多建设性贡献。例如，中国积极参与应对全球气候变化和推动可持续发展，推动解决朝鲜半岛和伊朗核问题等国际热点问题，为国际社会的和平与发展作出了积极贡献。此外，中国还积极主张建设新型国际关系、构建人类命运共同体，推动了全球治理体系的变革和调整。

第三，文化交流的增进。中国是世界上历史最悠久、文化最丰富的国家之一，其文化艺术、哲学思想、传统医药等对世界文化交流和人类文明进步产生了重要影响。习近平总书记在文化传承发展座谈会上强调，在五千多年中华文明深厚基础上开辟和发展中国特色社会主义，把马克思主义基本原理同中国具体实际、同中华优秀传统文化相结合是必由之路。如今，随着中国文化软实力的不断提升和国际影响力的扩大，越来越多的国家和人民关注和学习中国文化，要在文化品牌建设上下功夫，提升中华文化传播的深远性和持久性，推动不同文明之间的交流互鉴和文化多样性的发展。

第四，创新水平的提高。中国在过去几十年的快速发展中，逐渐成为一个重要的科技创新中心，尤其是在信息技术、生物医药、人工智能等领域取得了很多突破。中国的创新成果不仅在国内具有重要的经济和社会意义，同时也在全球范围内产生了深远的影响。一方面，中国的创新成果已经开始带动全球的技术变革。例如，中国的高铁技术、5G技术、无人驾驶技术等都在全球范围内获得了广泛的应用和认可，推动了全球交通、通信、制造等领域的变革和进步。此外，中国在疫苗研发、新能源技术等领域也取得了很多突破，为全球应对气候变化、公共卫生问题等挑战提供了新的解决方案。另一方面，中国的创新也为世界提供了新的机遇和合作空间。中国作为全球最大的市场之一，吸引了很多国际企业和创新者的目光，同时也为全球的科技企业和创新者提供了更广阔的合作空间。中国正在努力推进创新驱动发展战略，打造更加开放、创新、合作的发展环境，为世界创新合作提供新的机遇和平台。中国的创新成果不仅推动了中国的经济和社会发展，同时也为全球的科技变革和发展注入了新的动力。随着中国在全球舞台上获得日益重要的地位和影响力，中国的创新成果也将进一步助推世界的创新和发展。

中国之变不仅对中国自身产生了重大影响，也对全球产生了深远的影响。在未来，随着中国继续推进改革开放和现代化建设，其对世界的影响和作用将会更加明显和重要，为全球共同发展和繁荣贡献更多的力量。

中国式现代化蕴含的独特世界观体现了对世界百年未有之大变局加速演进的中国回应，既强调了经济和社会发展的普遍性要求，也阐明了各个国家和地区因其历史、文化、社会条件的不同而产生的差异性选择，为世界各国特别是发展中国家的现代化探索提供了新的思路。

二、人类文明十字路口的世界难题

当前,世界经济复苏脆弱曲折,通胀、债务、能源、供应链压力等相互交织,南北发展鸿沟不断拉大,实现联合国2030年可持续发展议程的目标任重道远。面对重重挑战,一些国家重拾冷战思维,制造分裂对立,挑动集团对抗,采用单边主义控制手段蓄意破坏多边主义,打着维护所谓"基于规则的秩序"旗号扮演霸权主义者的角色,严重威胁着国际秩序稳定和世界和平发展。人类社会现代化进程又一次来到了历史的十字路口,用什么样的世界观塑造和引领人类文明走向和历史发展潮流,世界各国之间是合作还是孤立、团结还是分裂,各国都必须作出正确选择。中国式现代化及其世界观,坚定地站在了历史正确的一边、站在了人类文明进步的一边,为破解世界难题提供了中国智慧。

(一)道阻且长:世界经济复苏艰难

当前世界经济发展有喜有忧。值得欣喜的是,经历了新冠疫情的巨大冲击后,世界经济正在恢复并展现出发展韧性。但一系列新问题正在成为世界经济复苏的拦路虎。一是全球经济复苏分化。经济恢复的难点日益显现,痛点更为持续,要解决的问题更加复杂。疫情的不断反复干扰了市场的预期和走向,许多国家的经济和防控政策不稳定,增长预期也呈现宽幅震荡。二是俄乌冲突挑动国际局势神经。延续已久的俄乌冲突显然对欧洲经济整体带来了巨大冲击,并引发了一系列严重后果,例如能源危机仍然在持续,粮食供应短缺问题日益凸显,这些都对全球经济和国际关系构成威胁,随时有可能打破平衡。三是美方的经济"狂舞"

仍在继续。回顾2022年，人们看到了美联储以平衡国内通胀作为借口，在加印之后疯狂加息。此外，又利用俄乌冲突搅动欧洲局势来破坏欧洲经济平衡；强硬拉升美元指数，妄图进行全球收割。美方用一波又一波的经济"狂舞"大秀经济手段，然而除了给世界经济带来负面影响以外，并没有解决其本国的通货膨胀问题。这种经济"狂舞"的影响在2023年仍在继续。

面对世界经济复苏难题，作为世界第二大经济体，中国在现代化发展中形成的中国式现代化世界观，并不拒绝以往人类的文明成果，也并不是要彻底否定而是改进以往的西方提供给世界的治理方案，并且融合出新的世界观，这个世界观既有中国共产党的理念，也融入人类文明的优秀成果。在此种世界观的引领下，中国在全力推进自身发展的过程中，也始终承担着重要的经济复苏任务。一是积极推进全球贸易自由化和经济全球化。中国是全球经济增长的重要引擎之一，也是全球贸易自由化和经济全球化的坚定支持者。针对疫情期间世界贸易受到的冲击，中国采取了一系列措施来维护全球贸易体系的稳定，包括积极扩大进口、降低关税、加强知识产权保护等。此外，中国还提议加快搭建区域全面经济伙伴关系（RCEP）等自由贸易区，为全球贸易自由化和经济全球化作出积极贡献。二是提供全球抗疫支援。中国是全球抗疫的重要贡献者之一。在新冠疫情初期，中国积极采取措施遏制疫情扩散，并及时对各国提供医用物资、设备及技术支持，帮助各国加强疫情防控、抗击疫情。同时，中国积极开展新冠疫苗的研发和生产，为全球疫苗需求提供支持。截至2023年4月，中国已向100多个国家提供了超过25亿剂次的新冠疫苗，为全球抗疫贡献了力量。三是推进数字经济发展。数字经济是经济全球化和科技进步的重要推动力，具有巨大的发展潜力。中国在数字经济方面拥有丰富的经验和资源，通过推进数字经济建设，中国为促进全球经济复苏和发展作出了重要贡献。中国提出数字经济战略，在加快数字化基础设施建设、数字技术应用与普及等方面，助力亚太经济合作组织（APEC）各经济体利用数字化技术实现经济增长。四是加强国际合作。面对全球疫情冲击和复苏艰难的局面，中国不仅积极采取措施保障国内经济稳定和发展，还加强与各国的合作。中国提出构建人类命运共同体的倡议，加强与各国的交流合作，实现互利共赢。同时，中国坚定支持联合国等国际组织，推进全球治理体系改革和建设。五是构建人类命运共同体为全球经济秩序变革提供有效方案。中国推动创立亚洲基础设施投资银行、金砖国家新开发银行、丝路基金，设立中国—联合国和平与发展基金、南南合作援助基金、中国气候变化南南合作基金，精准实施发展合作和对外援助，中国始终切实践行人类命运共同体理念，为广大发展中国家带来了实际收益，助推发展中国家现代化建设，赢得国际社会高度赞誉和广泛支持。

"道阻且长，行则将至。"中国式现代化的世界观在推进全球贸易自由化和经济全球化、提供全球抗疫支援、推进数字经济建设和加强国际合作等方面为促进世界经济复苏和发展起到了重要的引领作用。随着中国经济的快速发展和国际地位的提高，中国式现代化的世界观将继续发挥更大的作用、扮演更重要的角色，为世界经济的繁荣和稳定作出更多贡献。

（二）积重难返：发展鸿沟不断拉大

当前，全球经济复苏面临着严峻的挑战。一些发展中国家因新冠疫情遭受了重大损失，贫困问题和社会动荡加剧，南北发展鸿沟也日益扩大。由于国际发展合作的动力不足，发展问题在国际议程中被边缘化，这使得联合国2030年可持续发展议程的实施变得异常棘手。但同时我们也应清醒地认识到，尽管当前国际形势风云变幻，和平与发展依然是时代的主旋律，同时开放发展的历史潮流也不会改变。以中国式现代化的视角观世界，不难发现，中国式现代化的世界观以发展为根本遵循，认为发展是人类社会的永恒主题，是解决一切问题的关键所在。中国式现代化的世界观针对国际社会问题所提出的一系列务实举措，为跨越发展鸿沟、重振全球发展事业注入信心和力量。

中国式现代化世界观积极打造全球发展共同体。针对全球化发展出现失衡的问题，中国郑重提出"全球发展倡议"，呼吁国际社会将发展置于全球宏观政策框架的突出位置，加快落实联合国2030年可持续发展议程，共同推动全球发展迈向平衡协调包容新阶段。全球发展倡议聚焦发展、强调合作，为有关各国实现共同发展、推动构建人类命运共同体提供了重要国际公共产品和实践平台。世界繁荣稳定不可能建立在贫者愈贫、富者愈富的基础之上。每个国家都想过上好日子，现代化不是哪个国家的特权。中国式现代化的世界观认为可持续发展才是好发展，大家一起发展才是真发展。在现代化发展进程中，面对世界发展鸿沟问题，中国式现代化的世界观聚焦发展中国家当前所面临的最紧迫的发展难题，在减贫脱贫、粮食安全、经济复苏、就业培训、教育卫生、绿色发展等领域开展务实合作，助推联合国2030年17个可持续发展目标如期实现。在全球发展事业何去何从的关键时刻，中国式现代化的世界观符合广大发展中国家的需求及关切，充分彰显了大国担当。全球发展倡议是继"一带一路"之后，中国提出的又一重大倡议，旨在"再动员"全球性的发展合作，是对"以人民为中心"这一核心人权理念的重申，为缩小南北鸿沟、破解发展不平衡问题提出了"路线图",且加速推进了联合国2030年可持续发展议程。积极探索并落实好这一重要倡议,有助于共同构建全球发展共同体,凝聚各方共识、动员发展资源,为国际发展合作再出发指明方向,推动"共同复苏、强劲复苏"目标的实现。

中国式现代化世界观弥合发展鸿沟、破解发展赤字难题。当前,全球发展进程遭受严重冲击,南北差距、复苏分化、发展断层、技术鸿沟等问题突出。联合国《2022年世界经济形势与展望》报告指出,发达经济体的人均国内生产总值将于2023年完全恢复至疫情前预期水平,而发展中经济体和转型经济体的人均国内生产总值将持续低于疫情前预期水平。针对此种情况,中国式现代化的世界观秉持全体人民共同富裕的现代化理念,为各国共同发展开辟了广阔路径。共建"一带一路"和全球发展倡议是中国给国际社会提供的公共产品,也是实现共同发展、共同富裕的开放平台。共建"一带一路"倡议提出十年来,已形成3000多个合作项目,拉动近万亿美元投资规模,并为沿线国家带来了大量就业机会、基础设施建设以及脱贫等方面的支持。全球发展倡议强调发展优先,加强经济政策协调,推动建设团结、平等、均衡、普惠的全球发展伙伴关系,加速多边发展合作,以实现联合国2030年可持续发展议程和共建全球发展共同体的目标。中国向国际社会提供的一个又一个全球公共产品,是弥合发展鸿沟、助推缩小发展差距的有力武器。

中国式现代化世界观引导落实联合国2030年可持续发展议程。联合国2030年可持续发展议程的落实面临严峻挑战。新冠疫情给全球多年的发展成果带来了巨大打击,导致人类发展指数在30年内首次下降,超过1亿人口陷入贫困,近8亿人处于饥饿状态，粮食和能源安全、教育、就业、医药卫生等民生领域面临更多困难，最贫困国家和地区在实现可持续发展目标方面的进展很可能被推迟整整10年。中国式现代化的世界观坚持发展优先、坚持以人民为中心、坚持普惠包容、坚持创新驱动、坚持人与自然和谐共生、坚持行动导向等理念和原则，与联合国2030年可持续发展议程统筹经济、社会、环境发展，兼顾"人类、地球、繁荣、和平、伙伴关系"的愿景和理念相融相通。中国提出的全球发展倡议以减贫、粮食安全、抗疫和疫苗、发展筹资、气候变化和绿色发展、工业化、数字经济、数字时代互联互通这8个发展中国家面临的最紧迫问题为切入点，与各方携手推进重点领域合作，调动发展资源，深化全球减贫脱贫合作，提升粮食生产和供应能力，推进清洁能源伙伴关系；加强疫苗创新研发和联合生产；促进陆地与海洋生态保护和可持续利用；提高全民数字素养和技能，加快工业化转型升级，推动数字时代互联互通。这一系列务实举措，为跨越发展鸿沟、重振全球发展事业注入信心，为各国携手应对可持续发展面临的关键痛点和障碍、加快落实联合国2030年可持续发展议程各项目标提供了可行路径，彰显了中国式现代化世界观的宏阔视野和非凡格局。

（三）如履薄冰：生态环境持续恶化

人类现代化始于18世纪中叶的英国第一次工业革命，直到今天，仅有20多个欧美国家，约10亿人口实现了现代化，不到全球人口的1/7。工业革命提高了人类改造自然的能力，加大了对自然的索取力度，在客观上推动了人类社会的整体发展，但同时也导致了全球生态失衡、环境污染、资源紧缺和气候变化，造成了危害人类生存和发展的生态灾害。现今，无论是发达国家还是发展中国家，都无法摆脱生态危机的影响，治理生态环境问题理应成为全人类的共同责任和义务。

在当前的世界体系中，各国之间的联系和依存程度前所未有地紧密，人类共同生活在同一个地球村里，共同面对着历史和现实的交汇，世界越来越成为你中有我、我中有你的命运共同体。面对人类遇到的各种挑战，没有哪个国家能够独自应对，也没有哪个国家能够退回到自我封闭的孤岛，这就要求一个国家在追求本国利益时必须兼顾对他国的合理关切，在谋求自身发展时必须同时促进各国共同发展，不断扩大共同利益汇合点。在中国式现代化世界观的视野中，人类是一个命运共同体，各国前途命运紧密相连，不同文明包容共存、交流互鉴，对推动人类社会现代化进程、繁荣世界文明百花园具有不可替代的作用。基于此种认识，中国推动构建人类命运共同体，积极承担国际责任和义务，与世界各国共同应对全球环境挑战，已成为全球生态文明建设的重要参与者、贡献者、引领者。中国将应对气候变化作为转变发展方式的重大机遇，积极探索符合中国国情的低碳发展道路。比如，在国家自主贡献中，中国提出将于2030年左右使二氧化碳排放达到峰值，届时单位国内生产总值二氧化碳排放比2005年下降60%~65%，非化石能源占一次能源消费比重达到20%左右。又如，在气候变化国际合作方面，中国认真落实气候变化领域南南合作政策承诺，支持发展中国家特别是最不发达国家、内陆发展中国家、小岛屿发展中国家应对气候变化挑战。中国致力于建设一个持久和平、普遍安全、共同繁荣、开放包容、清洁美丽的世界，坚定地与各国站在一起，合作应对气候变化，保护好人类赖以生存的地球家园。可以看到，中国式现代化始终致力于推进全球和平发展，解决全人类所关切的问题，坚持为人类谋进步、为世界谋大同。

中国式现代化以"人与自然和谐共生"的生态理念，把人类的生态观提升到时代高度。自然是人类赖以生存和发展的基础。自然会馈赠人类，但也会给人类带来灾难。如何协调人与自然之间的关系是人类面临的永恒课题。在人类发展史上，我们曾经历过对自然的蒙昧顺从时期，也体验过工业文明和狂热的自然开发。如今，我们已经到了具备足够的能力和条件与自然和谐共生的生态文明时代。建设生态文明并不意味着自然中心主义，人类也不需要、不可能回归依赖自然的野蛮时代。相反，人类必须寻找一条既能够实现生产发展、生活富裕，又能够实现生态良好的文明发展道路。习近平总书记指出："生态环境问题，归根到底是资源过度开发、粗放利用、奢侈消费造成的。"[1]据此，中国式现代化的世界观将发展生产力与保护生态环境统一起来，提出"保护生态环境就是保护生产力、改善生态环境就是发展生产力"[2]的科学论断，要求我们"要构筑尊崇自然、绿色发展的生态体系"[3]。习近平总书记曾指出，随着人类的控制和改造自然的能力不断提高，人们已经不再需要为解决温饱问题而烦恼的时候，就要有"绿水青山也是金山银山"的财富观；而当物质财富的创造与生态环境之间发生矛盾时，我们"宁要绿水青山，不要金山银山"。在这样的生态观和社会价值观的指导下，他要求人们树立尊重自然、顺应自然、保护自然的生态文明理念；在索取自然时，坚持节约优先、保护优先、自然恢复为主的方针，形成

---

[1] 中共中央文献研究室：《习近平关于社会主义生态文明建设论述摘编》，中央文献出版社2017年版，第77—78页。

[2]《中共中央关于党的百年奋斗重大成就和历史经验的决议》，《人民日报》2021年11月17日。

[3] 中共中央宣传部：《习近平新时代中国特色社会主义思想学习纲要》，学习出版社、人民出版社2019年版，第173页。

绿色发展方式和生活方式。可以说，中国式现代化世界观对于世界生态问题的思考，是在深刻认识到西方现代化的负面影响后，寻找走出人类困境的重要探索，是解决世界生态环境恶化的重要实践。这不仅是中国进行现代化的必然选择，也是为陷入困境中的人类社会寻找出路，同时为其他国家探索现代化提供经验和方案。

（四）阴魂不散：冷战思维死灰复燃

纵观世界现代化近300多年的历史，西方先行国家的现代化无不建立在血腥暴力的基础之上。对内进行剥削和压迫、对外进行侵略和殖民构成其国家现代化的重要基础和实现手段。这种现象在一些发达国家与发展中国家之间的关系中仍有体现。时至今日，尽管国际条约对其种种不合理行径进行了约束，但西方发达国家依然依赖其传统优势地位和霸权掌控着国际秩序，部分西方国家甚至将冷战思维当成维护霸权地位的不二法门，并通过经济操控、政治干预甚至代理人战争等手段来控制和利用其他国家和地区，从而达到维系其领先地位的目的。西方先行国家现代化进程中的黑历史及其在当今世界的延续，有着特定的历史成因，但在根本上是资本主导逻辑下的必然产物。这种恃强凌弱、弱肉强食的"丛林法则"在一定程度上助推了西方先行国家的现代化进程，却成为其他国家实现现代化的巨大障碍。中国式现代化摒弃"弱肉强食""国强必霸"等带有冷战思维特点的陈旧世界观，高举"和平、发展、合作、共赢"的旗帜，为世界和平稳定发展注入稳定剂。

中国式现代化以和平发展破解"丛林法则"与"霸凌主义"。新中国成立前100多年的时间里，中华民族始终处于争取民族独立、人民解放、救亡图存的斗争中，现代化进程举步维艰。这让中国人认识到，没有和平的发展环境就不可能实现现代化。新中国成立后，中国进入现代化建设新的历史阶段，创造性地提出"和平共处五项原则"，并以此作为中国与世界交往的理论核心和实践指南。改革开放以来，中国科学把握"和平与发展"的时代主题，稳步推进国家的现代化建设并取得巨大成就。而今，面对全球日益突出的不稳定性和不确定性，面对全人类的诸多挑战，中国通过争取和平的国际环境来发展自己，又以自身的发展来维护和促进世界和平。以和平发展为认识基础的中国式现代化世界观，为人类社会的发展提供了新启示。中国式现代化积极推进包括全面开放战略和"一带一路"倡议、"区域全面经济伙伴关系协定"（RCEP）、"亚太自贸区"（FTAAP）等在内的新一轮全球化进程，努力构建开放、包容、普惠、平衡、共赢的经济发展新环境。和平发展的中国式现代化世界观超越了意识形态、社会制度、历史文化的差异，以其包容性和开放性得到了国际社会的广泛认可，有力增进了国家间的信任，为国际关系的发展作出了重要贡献。今天，中国仍将和平发展、互尊互信置于国际交往的首要位置，高擎构建人类命运共同体的旗帜，努力维护多边主义，积极推动全球治理变革，为建设和谐世界贡献中国智慧和中国方案。

中国式现代化世界观以"全球文明倡议"应对世界之变。随着中国特色社会主义事业的飞速发展，中国创造出世所罕见的经济快速发展和社会长期稳定两大奇迹，打赢了脱贫攻坚战，实现了全面建成小康社会的奋斗目标，对在纷繁复杂的国际局势中把握规律、认清大势、促进世界和平与发展提出了新要求与新期待。"全球文明倡议"是习近平主席继2021年在第七十六届联合国大会一般性辩论上提出"全球发展倡议"、在博鳌亚洲论坛2022年年会开幕式上提出"全球安全倡议"之后，向世界提出的第三个全球性倡议。它丰富了人类命运共同体理念的内涵和实践路径，为应对世界之变、时代之变、历史之变提供了智慧和力量。自冷战结束以来，世界进入了经济全球化时代，但这种发展并不安宁。在层出不穷的世界性问题与挑战中，既有粮食安全、教育、就业、医药卫生等难题，也有打着"价值观""文明""意识形态"等旗号的对抗。而由不同文明所构筑的文化心理结构，通常比物质世界更具有稳定性和延续性，它们潜移默化地影响着人们的思想和行为习惯，为人日用而不觉。全球文明倡议旨在消除不同文明间的隔阂与误解，促进不同文明间平等、和平地相处，夯实世界和平发展的基础。它既在倡导尊重世界文明多样性中助力各国人民维护自身独特的文明、尊重其他文明成果，摒弃冷战思维，走出霸权主义和强权政治的阴霾，也在倡导弘扬全人类共同价值中夯实了全球发展和全球安全的思想之基。

三、世界面临一系列的现代化之问

西方国家在工业革命后通过一系列的变革迅速建立起了先发优势，在政治、经济、思想文化和科技方面取得了一系列成就，创造了一个新型社会。资本主义由此逐渐从世界边缘走向舞台中心，这也使得欧洲人相信他们的发展模式是"唯一正确"的模式。然而，多元化的世界真的有固定且永恒不变的发展模式吗？不可否认的是，西方世界确实给人类带来了很多福祉，但同时也带来了一系列现代化发展难题。两极分化还是共同富裕？物质至上还是物质精神协调发展？竭泽而渔还是人与自然和谐共生？零和博弈还是合作共赢？照抄照搬别国模式还是立足自身国情自主发展？这些问题到今天还没有完全解决，甚至以更加极化的方式爆发。

（一）两极分化还是共同富裕

两极分化严重是资本主义现代化进程中难以克服的痼疾。自工业革命以来，西方国家的现代化得到了长足发展，但随着现代化进程的不断推进，其发展弊端也日益凸显。究其根本，是受社会制度、文化理念等因素的影响。西方现代化始终遵循以"资本"为中心的发展模式，资本家凭借占有生产资料而将雇佣工人所创造的剩余价值无偿占为己有。随着资本积累和生产规模的扩大，社会财富日益集中到资产阶级手中，而无产阶级作为社会财富的直接创造者却只能获得部分财富，这就导致西方国家在促使生产力迅速增长的同时，贫富不均现象日益加剧。随着现代化的不断发展，这种趋势似乎已很难遏制得住了。

在资本主义生产过程中，随着资本增殖不断扩大生产，社会总供给不断增加。然而，低收入的劳动人民的消费需求却不能同步提升，这导致了社会总供给与总需求之间的失衡，由此引发过剩性经济危机，表现为大量商品滞销、众多企业倒闭、失业人口剧增、经济增长停滞，整个社会陷入瘫痪和混乱状态。从20世纪80年代开始，随着两极分化的加剧，一些人为了生计不得不走上违法犯罪的道路，美国的犯罪率也因此开始飙升。同世界各国一样，美国监狱关押的囚犯大都来自社会底层。通过分析这一社会剪影，我们似乎不难得出这样的结论：日益加剧的财富两极分化势必引发高犯罪率，甚至引发司法腐败、政治腐败、社会腐败，引发社会动荡，从而危及国计民生。诚然，西方社会也意识到了贫富差距所引发的一系列社会问题，其通过福利化政策提高工人工资和福利来缓解贫富差距，甚至通过攫取发展中国家劳动人民生产的剩余价值，给本国福利化提供来源，但这一手段无疑将会进一步导致国际性贫富的两极分化，是不可取的、必定引起国际社会反对的用来缩小其本国贫富差距的手段。资本主义体系的延续要依赖福利国家，但资本主义又不能与福利国家共存，福利化政策无法规避资本主义根本矛盾带来的一系列问题。增加劳动者的福利违背了资本的本性，最终依然是由人民买单，因而归根结底是给资本家解困，不利于人民。

比较而言，中国式现代化不是为了服务少数人，而是致力于实现全体国民共同富裕。中国共产党秉持人民至上的价值理念，利用新发展格局和现代化经济体系，引领中国特色的现代化道路。大规模的精准扶贫计划不仅消除了绝对贫困，还促进了经济发展和社会公平。这一举措使人们能够通过辛勤劳动实现自身价值，从而推动均衡发展和共同富裕目标的早日实现，无疑实现了人民和国家的双赢。毋庸讳言，"不患寡而患不均，不患贫而患不安"。严重的贫富两极分化，必然会导致社会危机。这是一个最浅显的道理。而共同富裕，不仅是社会实现高质量发展的共同承载，也是个人实现自由全面发展的现实支撑。因而，实现共同富裕，必然是世界现代化发展的不二法门。

（二）物质至上还是物质精神协调发展

"物质至上"即物质中心主义，指沉迷于追求物质的需求与欲望，忽视精神层面的生活方式，其对物质的兴趣完全表现在思想、意见及行为上。近代以来，在私有制和资产阶级占统治地位的资本主义社会中，资本主义生产方式带来了生产发展，物质进步的信念深植于西方民众心中。这种信念极大地调动了个体创造财富的积极性，却也让社会陷入对物质和金钱的崇拜怪圈。这一点在西方民主政治中得到了体现和强化。美国允许各种利益集团凭借金钱开路，对政治运作施加不成比例的影响，并将其作为民主和自由的表现。美国经济学家斯蒂格利茨将其称为"一美元一票"的民主。各种利益集团通过权钱交易的手段，在合法程序内独占利益，在社会上进一步滋生了金钱至上的错误信念，助长了物质至上的现代化模式。而西方现代化精神文明作为资本的衍生物，不可避免地成为统治社会精神文化生活的主导力量。在资本的操控下，人与社会、人与自然、人与世界的复杂关系遭到破坏，个中的矛盾也不断加剧。在这种对立的社会关系下，人在精神交往中感受不到融洽，个体精神生活的归属感和认同感逐渐消解，异化了的交往实践所产生的人的精神生活也必然随之异化。在这一理念和实践模式的指导下，精神贫瘠和人的全面异化已成为西方资本文明模式的主要病症所在，物质至上还是物质精神协调发展，已成为严峻而紧迫的时代课题。

苏联解体的悲剧曾经印证过：一个政权的瓦解往往是从思想领域开始的，一旦思想防线被攻破，精神支柱被摧毁，政治动荡、政权更迭可能就在一夜之间。中国的晚明时期也有过类似教训，商品经济快速发展后，拜金主义、违礼越制成为社会风尚，上层建筑崩塌加快了王朝的衰落。历史与现实表明，国家强盛和民族复兴不仅需要物质文明的积累，更需要精神文明的升华。今天的中国，经济社会快速发展，科学技术日新月异，人民的物质生活水平得到极大改善，但是不能忽略精神生活的改善、不能忽视思想领域的建设。正是基于此，习近平总书记指出："物质富足、精神富有是社会主义现代化的根本要求。"①中国式现代化是物质文明和精神文明相协调的现代化。实现中华民族伟大复兴的中国梦,是物质文明和精神文明均衡发展、相互促进的过程。在推进社会主义现代化建设过程中,中国式现代化的世界观主张不仅要解放和发展生产力,不断创造和积累社会财富,而且要推动文化繁荣发展,铸就巍峨耸立的中华民族精神大厦。离开精神文明进步片面追求物质文明发展,不是真正的社会主义现代化,不符合社会全面进步的要求。

中国式现代化采用独特的文明形式,创造了人类文明新形态,从而摆脱西方式现代化精神文明的束缚。中国式现代化弃绝了以资本为中心的现代化和物质主义膨胀的现代化,精神富有成为了中国式现代化的亮丽底色。精神富有作为中国式现代化的重要内容,有其现实必要性和理论依据,其充分展现了现代文明的中国样态,也为克服西方现代社会"精神贫血症"找到了"药方"。实现精神富有对汇聚中国式现代化建设的精神力量,厚植人类文明新形态的精神底色具有重要价值。作为人类文明发展的两个关键方面,物质文明和精神文明二者需要相互促进、相互协调,共同推动人类文明的全面发展。

(三)竭泽而渔还是人与自然和谐共生

气候是全球公共资源,世界的运作离不开生态系统的影响。生态环境问题虽然古已有之,但全球性的生态环境问题则是在近代以后出现的。世界性的经济体系需要在全球范围内进行资源分配,这对全球生态环境造成了直接的影响。但要害在于这一体系

---

① 习近平:《高举中国特色社会主义伟大旗帜　为全面建设社会主义现代化国家而团结奋斗——在中国共产党第二十次全国代表大会上的报告》,人民出版社2022年版,第22页。

中的资本主义性质，资本主义经济体制下生产的不断扩大和效率的不断提升，虽然带来了经济繁荣，但同时也带来了更多的资源消耗和环境污染。气候变化影响的加剧及全球共同应对气候变化的现实需求，使得整个人类社会"一荣俱荣、一损俱损"的"共同体"趋势日益明显。

面对生态环境问题，资本主义国家采取了先污染、后治理的方式，甚至陷入了生态殖民主义，为了摆脱本国的生态危机向发展中国家转移污染，对发展中国家应有的经济发展权和生态安全权进行双重剥夺。事实表明，西方资本主义国家对于全球生态环境的种种解决办法已逼近生态文明的承受极限，却仍无法使其摆脱生态文明困境，全球气候变暖、极端气候频发等生态问题越来越危及整个人类的生存发展质量，引发以生态危机为表现的生态系统内部物质交换的失衡。当人类欢呼对自然的胜利之时，也就是自然对人类惩罚的开始。尽管部分西方国家已经意识到建设生态文明的重要性，但是限于私有制的制度根源，西方国家的生态治理始终没能触及经济发展与生态文明建设的矛盾根本，也就无法从根源上改善人与自然的关系。

与之相比，中国式现代化的世界观强调人与自然和谐共生的发展理念，提倡可持续发展和生态文明建设。在中国式现代化的发展过程中，中国共产党深刻洞察生态文明与经济发展的关系，提出加强生态文明建设是推动经济社会高质量发展的必然要求，将生态文明建设上升到关乎全人类共同利益的高度，实现了经济发展和环境保护的双赢局面，突破了西方"先污染、后治理"生态观的局限。因此，在中国式现代化中，环境保护和生态文明建设成为了重要的国家战略和民生工程，为促进社会经济发展和生态保护提供了新思路和新方法。在当前世界背景下，人类需要明确，不注重环保谈经济发展是竭泽而渔的做法，我们应坚持在发展中保护、在保护中发展，实现人与自然的和谐共生。

（四）"零和博弈"还是合作共赢

"零和博弈"多表现为西方部分国家政治思想中的零和思维，指某一个或几个博弈方的得益必定源于其他博弈方的损失，结果是博弈各方的收益和损失相加总和为零，博弈各方是竞争而非相互合作关系。这种零和博弈思维是一种对抗性思维，其在国际交往中，表现为当面临利益的矛盾和冲突时，主权国家往往将彼此的利益视为根本对立、不可调和的，甚至不惜损人利己。20世纪40年代，西方现实主义国际关系理论将零和博弈思维植入国家层面，认为国家利益的不可调和导致斗争和冲突的必然是国际关系的基本特征。美国作为欧洲政治理论的试验田，在其走向繁荣壮大的过程中，驱赶原住民、压迫奴隶的政治思想以及对国际事务种种不正常干预等，无不体现着美国在政治思想与国际关系中非此即彼的零和思维。

美国等西方国家这种非此即彼的零和思维也使得它们一直按照零和博弈的逻辑推进现代化，留下了殖民扩张和对外掠夺的历史罪责。这种零和博弈的思维，体现在西方民主政治的方方面面。比如，在极化背景下，西方国家的政党和候选人操纵媒体相互攻击、抹黑，通过制造新闻、放大丑闻的方式误导选民，促使选战陷入"选丑困境"。同时，竞争性选举也让西方政党热衷炒作新兴经济体崛起和"逆全球化"议题。美国正是用这种立场和思维，在国际事务中常常忽视他国的正当权益，采取强权政策，试图通过武力和干涉来实现自己的利益，强制推行自己的意志和价值观，无视发展中国家的发展需求，通过不公正的贸易、金融和技术壁垒，对这些国家实施掠夺和压迫，从而限制其现代化发展进程。

与此相对的是，中国走和平发展道路，倡导相互尊重、合作共赢的发展理念，超越了西方霸权主义。中国积极参与、推动乃至主持国际维和、反恐怖主义以及人道主义救援等多个领域的国际合作，为维护地区和世界和平及稳定作出突出贡献。中国式现代化的世界观所倡导的合作共赢理念与西方的零和博弈思维形成对立，反映了一种超越和创新的现代化理念：强调平等、合作、互利、共赢，推动建立一种平等、公正、合作、共赢的国际关系，为人类的和平与发展作出重要贡献。"万山不许一溪奔，拦得溪声日夜喧。到得前头山脚尽，堂堂溪水出前村。"中国的发展是为了让本国人民过上好日子，也让世界各国人民都过上好日子，而不是要与谁"零和博弈"。这一代表了历史正义和世界趋势的伟大进程，是谁都阻挡不住的。历史经验表明，将零和博弈思维用于处理国际问题将会导致自我毁灭，甚至是陷入自己制造的"战略陷阱"。

（五）照抄照搬别国模式还是立足自身国情自主发展

按照西方中心论的理解，在现代化问题上，西方全部是好的和先进的，其他地区则相对滞后。这种观念认为，不论是文明进步还是现代化发展，世界各国都只有按照西方的模式才能取得成功。

但是，我们必须认识到，现代化发展是全球发展共同面临的重要任务，在现实的发展过程中，现代化的普遍规律往往是通过"历史环境"和条件来得以实现并形成具体的发展方式和道路的。在现实生活中，一个国家发展的环境和条件是多种多样的，既有历史环境条件与现实环境条件，又有国内环境条件与国际环境条件，还有自然环境条件与社会环境条件，正是各种环境条件的交织及相互作用，形成了一个国家在一定历史阶段的独特发展方式和道路。因此，实现现代化是一个动态、灵活、充满变数的过程。西方的成功经验可以借鉴，但不应该成为强制性的发展标准。我们必须明确，现代化并不是某一国家的专利品，也不是非此即彼的单选题。在现代化的发展中，照抄照搬别国的模式很难取得成功，每个国家都需要根据自身情况自主发展。如果一个国家在发展过程中只是盲目地复制别国曾经成功的模式，可能会忽视本国的特殊背景，最终导致失败。因此，立足自身国情自主发展是当前所有国家，特别是发展中国家实现现代化的关键所在。

换句话说，现代化不是单选题。历史条件的多样性，决定了各国选择发展道路的多样性。尽管现代化发端于西方国家，但西方的现代化也没有一个固定的模式和标准，因各个国家的具体环境条件不同，现代化的道路也不同。中国式现代化就是这样形成的，它并没有脱离世界现代化发展的一般规律，没有离开现代文明大道，但又是紧密结合中国实际，根据中国国情走出来的。简言之，中国式现代化就是从现代化普遍规律的"普遍"与中国具体实际的"特殊"的结合点上走出来的，两者是内在联系在一起的，成功打破了"现代化=西方化"的历史轨迹。中国式现代化是在中国共产党的领导下，在人民群众坚持和发展中国特色社会主义的过程中独立创造的现代化模式。该模式符合中国国情和适应中国发展状况，具有鲜明的中国特色和内在的独特性，规避了西方资本主义现代化的固有弊端，成功推动了人类文明的发展进程。可以说，从古至今人类文明形态就是千姿百态、和而不同的，并不存在单一固定的发展道路与模式。尽管西方的现代化模式在历史进程中创造了许多有益的文明成果，但也存在不可避免的矛盾和历史局限。因此任何文明的发展如果只是简单地照搬他国的现代化模式，就必然会面临各种问题。

第二章

于变局中开新局：统筹"两个大局"

历史车轮滚滚向前，时代潮流浩浩荡荡。放眼全球，世界百年未有之大变局加速演进；纵览国内，中华民族伟大复兴战略全面展开。我们党从国际力量对比的横坐标科学界定当今世界大势，从中华民族前进的纵坐标准确标注我国所处的历史方位，从而为在百年大变局中谋划民族复兴全局标定了时空坐标。党的十八大以来，我们党从统筹"两个大局"的战略高度，以"乱云飞渡仍从容"的战略定力、"无限风光在险峰"的战略视野，主动顺应人类发展大潮流、科学把握世界变化大格局、深刻分析中国发展大历史，在大潮流大格局大历史的交融互动中准确把握前进方向，成功推进和拓展了中国式现代化，进一步深化对中国式现代化的内涵和本质的认识，概括形成中国式现代化的中国特色、本质要求和重大原则，使中国式现代化更加清晰、更加科学、更加可感可行。

一、中国特色

人类社会的现代化是一个必然的历史过程，人类通往现代化的道路不止一条。习近平总书记在党的二十大报告中指出："中国式现代化，是中国共产党领导的社会主义现代化，既有各国现代化的共同特征，更有基于自己国情的中国特色。"[1]实现现代化没有"定于一尊"的固定模式，也没有"放之四海而皆准"的标准，它是处于一定社会发展阶段的人们基于自己国家和民族的具体国情所作出的一种历史性选择。由于历史、文化、国情迥异，

---

[1] 习近平：《高举中国特色社会主义伟大旗帜　为全面建设社会主义现代化国家而团结奋斗——在中国共产党第二十次全国代表大会上的报告》，人民出版社2022年版，第22页。

人们对现代化道路、模式、动力等必然有着不同的选择。中国式现代化充分吸收借鉴了东西方现代化道路的有益经验和文明成果，是一条中国人民自己选择的现代化道路，也是一种新的文明形态。

(一) 基本国情观照：人口规模巨大

"治国有常，利民为本。"我国是一个人口规模巨大的发展中国家，在探寻现代化道路的过程中，必须充分考虑到人口规模巨大这一现实国情。深刻理解和准确把握这一重要特征，对在新征程上以中国式现代化全面推进中华民族伟大复兴具有重大的现实意义和深远的历史意义。

人口规模巨大是中国的现实国情。人口因素是一国现代化的客观条件，从我国的基础国情和现代化的受益主体出发，人口规模巨大是我国现代化的首要特征。与世界绝大多数国家相比，中国的一个重要特点就是幅员辽阔、民族众多、人口规模巨大。早在农耕文明时期，我国就形成了根深蒂固的"多子多福"的婚育观念。这是因为我国是一个幅员辽阔的农业国，需要有充足的劳动力维持农业的生产生活。这一观念也在相当漫长的时间内深刻地影响着我国的人口增长和人口规模。人口是全部社会生产行为的基础和主体，对社会发展具有至关重要的作用，一定数量的人口是实现现代化的前提因素。中国的客观实际和基础国情在于民族众多且人口规模巨大，这一方面为中国实现现代化提供了人口基础，另一方面也为它的全面展开增加了难度。

人口规模巨大意味着实现现代化的难度与挑战前所未有。根据第七次全国人口普查数据，截至2020年11月，我国总人口达到14.1亿人，约占世界人口的18%。中国的人口规模远超现有发达国家人口总和，实现现代化的艰巨性和复杂性前所未有。一方面，人口规模巨大意味着，在其他因素给定的条件下，我国人均资源占有量相对较少。这也意味着在城乡之间、地区之间、行业之间存在着一定的发展差距，不同社会成员之间也会存在一定的收入差距，这为中国实现现代化增加了难度。另一方面，人口规模巨大还意味着其他国家现代化能够提供的经验有限，中国想要实现如此大规模人口的现代化尚没有可以借鉴的成功经验，需要我们独立探索具有本国特色的现代化道路，这也为中国实现现代化增加了很大的难度。此外，巨大的人口规模也意味着更加纷繁复杂的内部矛盾和外部矛盾层层叠加，使现代化进程更加曲折复杂。

人口规模巨大也有其优势与机遇。人口因素是生产力发展的决定性因素，人口规模对社会发展具有重要作用。巨大的人口规模赋予了中国式现代化独特的优势与机遇，也提供了充足底气。一方面，从经济发展的角度来看，人口规模巨大意味着更多的劳动力和更广阔的消费市场。随着人口受教育水平和健康水平不断提高，我国逐渐从人口数量大国转变为人才强国。巨大的人口规模决定了中国有条件建设超大规模且完整的工业门类和国民经济体系，使中国可以独立自主地建设国内大循环为主体、国内国际双循环相互促进的新发展格局，让中国在面对经济风险时具有极强的可逆性。另一方面，一个人口规模巨大的现代化中国，承载着自身的发展机遇以及世界对新时代新机遇的期待。14亿多人口意味着深厚的人力资源与超大规模的市场优势，由此释放的劳动力和消费需求不仅为中国式现代化提供强大的动力引擎，也必将会改变世界发展格局，有力推动国内经济以及世界经济的持续发展，这既是中国的优势和机遇，也是世界的大机遇。

人口规模巨大的现代化具有深远的世界意义。推进14亿多人口整体迈入现代化，没有任何经验可供借鉴，本身就是在创造历史，是人类历史上具有深远影响的大事。一是中国式现代化将彻底改写世界现代化版图。中国的人口规模远超世界上已经实现现代化的国家和地区。如此巨大人口体量的国家实现现代化，不仅会创造世界现代化的奇迹，更将重塑世界现代化版图，加快推动全球现代化重心转移，进而引起世界政治经济格局的深刻变化。二是中国式现代化为人类实现现代化提供了新的方案。中国作为一个人口规模巨大的发展中国家，在一穷二白的基础上起步，通过自主探索、艰苦奋斗，走出了一条有别于西方发达国家的中国式现代化道路，深刻揭示了并非只有西方资本主义国家的现代化才是唯一道路，坚定了发展中国家自主探索符合自己国情的现代化道路的信心。中国式现代化坚持以人民为中心，超越西方以资本为中心的现代化价值理念，开辟了发展中国家走向现代化的新途径，为世界上那些既希望加快发展又希望保持独立自主的国家和民族逐步实现现代化提供了全新选择，为解决人类现代化过程中面临的共同问题贡献了中国智慧和中国方案。

"上下同欲者胜，同舟共济者兴。"现阶段中国要在人口规模超过14亿的背景下全面建设社会主义现代化国家，其涉及的主体数量世所罕见，必然充满艰辛与挑战。推进人口规模巨大的现代化是党在新征程上的重要使命担当，人民群众是中国式现代化的主体，全体人民是中国式现代化成功推进和拓展的力量源泉。我们要将人口规模巨大的现实难题转为现代化建设的独特优势；通过实现高质量发展克服人口规模约束，发挥人口规模优势，也要充分调动各主体的积极性、主动性，不断激发中国人口的巨大潜能和伟大力量，依靠主体间的协同努力实现人类历史上最大规模、最全面和最深刻的社会转型与变革。

（二）人民本位体现：全体人民共同富裕

"治国之道，富民为始。"中国人口众多，规模巨大，现代化具有不同于西方式现代化的模式和特征。全体人民共同富裕作为人类社会孜孜以求的美好生活样态，既是马克思主义为未来社会构建的美好图景，也是广大人民群众的共同追求，更是中国共产党的奋斗目标。中国共产党始终把追求共同富裕贯穿于中国式现代化道路形成与发展的历史进程中，在任何领域、任何时期、任何阶段都未曾偏废。在党和人民团结奋斗、不懈努力下，全体人民共同富裕取得了阶段性成果，我们要深刻领会共同富裕的"人民至上性"对西方式现代化"资本至上性"的超越。

我们追求的共同富裕具有深刻内涵。一是共同富裕是全体人民的富裕，不是少数人或某个阶层的富裕，是每个个体真实可感的物质与精神的富裕，其中每个人都是实现中国式现代化的重要力量。二是实现共同富裕是一个阶段性的过程。这也就意味着并不是要所有人同时、同步富裕，而是具有先后顺序性和由部分到整体的发展过程。三是中国式现代化强调实现物质文明和精神文明协调发展的现代化。这意味着现代化的推进不仅要保障人民群众的物质富裕，还要重视精神上共同富裕的实现，促进人的全面发展。四是实现共同富裕不仅要提高社会生产力、增加经济总量，而且还要合理进行资源分配，这才是共同富裕的内在要求。总之，共同富裕是一个动态发展的概念，是一种更高层次、更高水平、更多维度的"富裕"，涉及人民生活的方方面面，旨在最终实现生产力所要达到的富裕水平，实现全体人民对财富的共享，以及在机会、发展、地位、权利等方面的平等。

共同富裕是中国式现代化超越西方式现代化的独特优势。从整体视角看，中国式现代化与各国现代化在建立现代工业体系、提升城镇化水平、解放发展生产力、鼓励科技创新等方面具有一定的共性，但又与西方资本主义国家的现代化有着本质的区别。习近平总书记指出："共同富裕是社会主义的本质要求，是中国式现代化的重要特征。"[①]中国式现代化有别于西方式现代化，其核心区别就是实现共同富裕的目标定位。西方式现代化是以"资本为中心"的价值逻辑，资本的内在逻辑就是实现最大程度的自我增殖。在资本主义现代化的起步阶段，资本主义为了推动现代化事业的快速发展，对内通过"圈地运动"迅速把以土地为主的生产资料集中到少数资产阶级和新贵族手中，把失地农民变成大量廉价劳动力；对外实行侵略和殖民扩张，通过抢夺金银财物、贩卖奴隶等手段大量聚敛财富。这种资本的原始积累注定了资本主义现代化会带来贫富分化的局面：一方面把国内劳动人民、殖民地人民变成穷人；另一方面把资本家变成财富的拥有者和统治者。所以，西方资本主义国家的现代化从本质上说是一种少数人的现代化。资本主义制度存在着与生俱来的矛盾，决定着生产力的发展不可避免地会加深社会对抗，随着现代化进程的不断推进，只会产生富人更富、穷人更穷的两极分化局面，最终演变为阶级冲突与社会撕裂，社会矛盾不可调和。中国式现代化虽起步和跃升于西方发达资本主义国家主导的世界秩序之中，但没有走西方式现代化对内剥削、对外掠夺的老路，而是打破现代化的资本逻辑，坚持独立自主，走的是以全体人民共同富裕为目标的和平发展的现代化之路，也是一条符合中国国情的全民共享发展成果的富裕之路。

---

① 《习近平谈治国理政》第4卷，外文出版社2022年版，第142页。

（三）必然要求所向：两个文明协调发展

中国式现代化追求物质文明的高度发达和精神文明的高度丰富以及两者的协调发展，认为只有让物质和精神双融共进、相互兼顾，才能真正全面实现现代化。这超越了西方式现代化以物质主义为核心的"单向度现代化"以及因此带来的精神世界虚无状态。物质文明和精神文明的协调发展不仅是中国式现代化世界观的重要主张，也是世界现代文明的普遍追求。

物质文明与精神文明协调发展是现代化建设的必然选择。文明是物质生产成果和精神生产成果的总和，是一个社会实现物质富裕和精神富有的表征，是人类社会发展进步的标志。中国式现代化的世界观基于辩证唯物主义和历史唯物主义的观点把握物质文明和精神文明建设的关系。一方面，物质文明与精神文明是人类在认识世界和改造世界的过程中所形成的一切物质的和非物质成果的总和，两者共同构成了人类文明的基本内容。其中，物质文明是基础性的一部分，物质生产活动及生产方式是人类社会赖以存在和发展的基础，也是其他一切人类活动的首要前提。另一方面，精神文明发展也具有相对独立性，精神世界也有其自身的发展规律，其发展变化往往与物质世界不同步，与经济发展之间存在着不平衡。因此，在实现现代化的过程中，精神文明建设必不可少，并且要确保其能为物质文明建设提供坚实基础和精神保障。这也要求我们在未来社会的构建中，不仅要努力创造高度发达的物质文明，也要创造高度丰富的精神文明。这种追求超越了西方式现代化片面追求物质发展、忽视人的精神需求的定式，始终将人的发展作为社会发展的终极目标。

物质文明与精神文明协调发展是对西方以物质主义为核心的

"单向度现代化"的超越。近代以来，西方创造的现代化文明本质上是以物质为核心的单向度现代化，表现为资本渗透到整个社会的结构和功能中，整个社会遵循着"以资为本"的发展逻辑，导致社会的物质文明和精神文化常处于分裂状态。在此逻辑之下出现了诸如贫富差距扩大、生态问题加剧、局部战争不断，以及社会生活中的物化和精神荒芜等不良现象。所以，现代化发展需要基于历史进行判断，尊重人的主体性和人类社会整体发展的需要，既要推动物质世界的进步，也要对精神世界进行变革。中国式现代化把马克思的社会理想融入到中国社会发展的实践之中，在传承弘扬中华优秀传统文化"讲仁义、重民本、守诚信、崇正义、尚和合、求大同"精神特质的基础上，形成了不同于西方式现代化的、高度重视物质精神两个文明协调发展的中国式现代化世界观，跳出了单向文明进步论的窠臼。

物质文明和精神文明协调发展是对世界现代化理论的创新发展。世界将会走向何方？人类文明将选择怎样的发展方向？这是摆在全人类面前的世界之问、时代之问。以西方文明为中心建立起来的世界文明秩序已然面临着诸多发展困境，以西方文明为模板建立起来的现代化理论不仅难以解决现实问题，还导致了新问题的出现。西方文明缺乏对未来人类文明形态进行建设性的理论研究，这已经在现代化进程中造成了广泛的矛盾和人类文明发展的停滞。同时，他们不但未能为现代化及现代性问题本身提供真正的解决之道，甚至还试图解构人类文明的意义。这些问题暴露了西方式现代化理论的缺陷，表明目前急需一种可靠的现代化理论来妥善地解决这些问题。物质文明和精神文明协调发展，在某种程度上反映了中国追求全人类共同价值的文明观，表明中国式现代化是开放包容的现代化。在这一理念引领下，中国坚持"走出去"和"引进来",促进多样性与文化交流,打破"从属"和"不平等"的思想,推行平等与合作的贸易政策,从而与世界各国共同创造更加美好的未来。在资本主义主导的现代化进程中,物质产品越丰富,人的自身内部世界反而越贫乏,人的精神、社会关系愈发庸俗化、金钱化、利己化,相比之下,中国式现代化的世界观强调物质文明与精神文明协调发展,实现物质、精神都富裕以及人的真正的全面自由发展,为世界提供了均衡共享的可参考的现代化路径。这种理论拓宽了解释世界历史发展的范式,并为人类文明新形态的建构和发展贡献了中国的智慧与方案。

(四)创新发展诉求:人与自然和谐共生

人与自然和谐共生是工业文明发展到一定阶段的产物,是中国共产党推进中国特色社会主义现代化进程的一种最新概括,也是人类社会文明发展的必经阶段。推动构建人与自然和谐共生的现代化是新时代中国特色社会主义事业的重要目标,也是社会主义现代化的内在要求。党的二十大报告指出"中国式现代化是人与自然和谐共生的现代化"[1],突出了中国式现代化在世界现代化发展潮流中是以绿色发展为底蕴的,不仅有助于我国解决突出环境问题,实现高质量发展,满足人与自然和谐共生的本原性诉求,而且也有助于为后发国家更好处理人与自然关系、实现文明发展和永续发展贡献了中国智慧,更有助于解决国际社会共同面临的生态危机难题,为世界的生态文明发展贡献中国方案。

人与自然和谐共生的现代化具有深刻的科学内涵。按照马克

---

[1] 习近平:《高举中国特色社会主义伟大旗帜 为全面建设社会主义现代化国家而团结奋斗——在中国共产党第二十次全国代表大会上的报告》,人民出版社2022年版,第23页。

思主义的理解,"人创造环境,同样,环境也创造人"①。人与自然是生命共同体,人来源于并依存于自然界,人与自然是不可分割的整体。人与自然和谐共生的观念汲取了中华优秀传统文化中"和""天人合一""天人互泰""道法自然"等精妙丰富的古代生态智慧。人与自然和谐共生的理念昭示了马克思主义生态文明理论的科学内核,继承了大量中国古代文化的优秀思想元素,体现了中国共产党在推进中国式现代化,实现民族复兴的伟大进程中的一种高度的生态自觉。对其内涵可以从以下几个方面进行理解与把握:一是在组织领导上,实现人与自然和谐共生的现代化离不开中国共产党坚强而有力的领导;二是在生态理念上,坚持良好的生态环境是最普惠的民生福祉,牢固树立"绿水青山就是金山银山"的生态理念,坚持保护环境的生态理性与绿色低碳发展的经济理性相统一;三是在总体布局上,将生态理念贯穿于"五位一体"的中国特色社会主义总体布局中,坚持经济、政治、文化、社会和生态建设协同推进;四是在发展理念上,深入贯彻创新、协调、绿色、开放、共享的发展理念,加快形成节约资源和保护环境的空间格局、产业结构、生产方式和生活方式;五是在价值取向上,秉持以人民为中心的价值取向,坚持生态惠民、生态利民、生态为民,不断提供优质生态产品来满足人民日益增长的优美生态环境需要。"和谐共生"是一种理念也是一种实践,既要在认识论基础上把握和谐共生,也要从本体论、价值论、实践论意义上进行把握,在推进中国式现代化的过程中实现理论与实践的统一。

人与自然和谐共生的现代化是对西方式现代化的超越。一是人与自然和谐共生的理念超越了西方式现代化的人类中心主义。

① 《马克思恩格斯文集》第1卷,人民出版社2009年版,第545页。

西方式现代化的生态价值观强调人类中心主义，其核心内容是把人作为唯一的价值和目的中心，一切以人的价值和利益为中心，以人的尺度去评价和改造世界，自然界只是人的对象和手段。人与自然和谐共生的理念是在充分反思西方式现代化带来的人与自然关系对立，以及由此引发的人与社会关系紧张等一系列弊端的基础上进行的批判与超越，是一种深邃的思想洞见和超前的价值观念，是对新时代中国特色社会主义现代化的一种全新定位。中国式现代化的人与自然和谐共生的理念，要求在处理人与自然的关系问题时，走出人类中心主义观念，提倡的是一种既尊重人，也尊重自然的价值观。二是生态优先、绿色发展超越了西方式现代化先污染、后治理的发展观。西方式现代化是以工业文明为基础建立起来的，煤炭、石油等化石燃料的大幅消耗是其现代化经济增长的重要支撑和动力源泉。在发展模式上西方式现代化是一种依靠高投入、高消耗、高污染带来的高增长模式，走的是"先污染、后治理"的经济发展道路，忽视了对资源的保护以及对环境污染的治理，导致了生态破坏等现实问题。所以这一模式为西方资本主义国家创造巨大财富的同时，也伴随着能源短缺以及全球性生态危机和社会危机的出现。中国式现代化充分吸收西方式现代化建设过程中的经验教训，正确处理好人与自然之间的关系，坚持树立"绿水青山就是金山银山"的理念，摒弃西方式现代化对自然的掠夺思维，坚持走生态优先、绿色发展之路。辩证把握释放生产能力的同时保护发展潜力，注重同步推进物质文明和生态文明建设，努力为人民群众提供更多优质生态产品和更高的生态价值，使优美生态环境成为人民幸福生活的增长点。所以，中国式现代化是一种生态理性与经济理性相统一、国家价值与世界价值相统一的现代化。

人与自然和谐共生的现代化具有鲜明的时代价值。一是人与自然和谐共生为中华民族伟大复兴和永续发展提供价值指引。人与自然和谐共生，不仅是马克思主义中国化时代化的最新理论成果，也是中国式现代化充满哲学意蕴的鲜明特色。人与自然和谐共生坚持人类与自然、经济与生态、物质与精神协调发展，以及惠及后世利益的可持续发展，使中国式现代化在处理人与自然关系时体现出鲜明的生态底色和中国特色。党的十八大以来，面对资源约束趋紧、环境污染严重、全球生态恶化、生态危机频发的环境态势，以习近平同志为核心的党中央将人与自然和谐共生摆在全局突出位置，作出了一系列重大战略部署。"在'五位一体'总体布局中，生态文明建设是其中一位；在新时代坚持和发展中国特色社会主义的基本方略中，坚持人与自然和谐共生是其中一条；在新发展理念中，绿色是其中一项；在三大攻坚战中，污染防治是其中一战；在到本世纪中叶建成社会主义现代化强国目标中，美丽中国是其中一个。"[1]人与自然和谐共生的理念始终贯穿于中国特色社会主义建设的全过程。中国共产党站在中华民族和人类文明永续发展的高度，直面中国之问、世界之问、人民之问、时代之问，围绕人与自然和谐共生这一主题，对"实现什么样的现代化"进行全新思考，对实现现代化的路径、方式、举措进行系统部署，为中华民族伟大复兴和永续发展提供了科学指引。二是人与自然和谐共生的现代化为解决全球生态环境问题贡献中国方案。西方式现代化模式已与全球生态文明建设潮流相背离，人与自然和谐共生的现代化模式才是人类社会发展的必由之路。党的十八大以来，我们坚定不移地推进人与自然和谐共生的现代化道路实践，生态环境质量显著改善，人民群众幸福感大幅

---

[1] 习近平：《论坚持人与自然和谐共生》，中央文献出版社2022年版，第279—280页。

提升，生态优势转变为经济动能和发展优势，有效化解了经济发展与生态环境之间的紧张关系，成功书写了人与自然和谐共生的新华章，展现了中国特色社会主义的独特优势。生态文明建设关乎人类未来，建设绿色家园是人类的共同梦想，保护生态环境、应对气候变化需要世界各国同舟共济、共同努力，任何一国都无法置身事外、独善其身。生态环境问题不是某一国家、民族的问题，而是需要全人类携手并肩、共同应对的责任与挑战。党的十八大以来，我国高度关注世界各国生态文明建设，并不断提高自身在全球环境治理中的话语权，努力为世界生态环境问题贡献中国智慧、中国方案。

（五）合作机遇共享：走和平发展道路

中国式现代化既遵循世界现代化的一般规律，体现了生产力发展以及由此引起的生产方式变革这一世界现代化所具有的共同特征，又以"和平"与"发展"增添了全新的价值内涵，体现了中国式现代化鲜明的中国特色。这表明中国式现代化不但未脱离世界现代化的发展轨道，而且是兼具"和平"与"发展"的现代化，是不同于西方扩张掠夺的现代化，这是中国式现代化与西方式现代化的又一本质区别。中国式现代化走和平发展道路，不走血腥罪恶的老路，中国人民坚定站在历史正确的一边，坚定站在人类文明进步的一边，以自身所蕴含的独特和平发展理念与实践，实现对资本主义现代化的超越与发展，在坚定维护世界和平发展中谋求中国的发展，又以中国的发展更好地维护世界和平发展，让人类命运共同体的灿烂阳光普照全世界，以智慧之光照亮人类前行之路。

第一，走和平发展道路是中国式现代化的必然选择。一是走和平发展道路是基于国情和根本利益作出的战略抉择。当前，我们已经踏上了以中国式现代化全面推进中华民族伟大复兴的历史新征途。实现新征程的奋斗目标，必须有和平稳定的国际环境作为前提，若没有和平，中国和世界各国都无法实现顺利发展。同样，若没有发展，中国和世界各国也无法享有持久和平。当前我国发展处于战略机遇与风险挑战并存的时期，只有坚持走和平发展道路，只有同世界各国一道维护世界和平，中国式现代化才能实现自己长足发展的目标，才能通过自身发展为世界提供发展新机遇、新路径、新借鉴、新贡献。

二是走和平发展道路是顺应时代潮流和发展大势的客观选择。当今世界面临着严峻挑战，局部战争动乱频繁发生、贫富差距持续扩大、生态环境破坏日益严重等问题成为高悬在人类头顶上的达摩克利斯之剑。从根本趋势来看，和平、发展、合作、共赢是当今世界不可阻挡的时代潮流；从各个领域来看，世界多极化深入发展，经济全球化不可逆转，文化多样化持续推进，社会信息化方兴未艾。中国主动顺应时代潮流与历史发展大势，反映世界各国人民求和平谋发展的共同心声，自觉选择并且坚定走和平发展道路，致力于推动全人类和平与发展的崇高事业，弘扬全人类共同价值，携手世界各国人民共同建设持久和平、普遍安全、共同繁荣的世界。

第二，走和平发展道路是中国式现代化的超越发展。一是以"和平发展"超越"侵略扩张"。回顾西方近代史，国强必霸、侵略扩张似乎已经成为资本主义国家实现现代化所遵奉的历史定律。西方资本主义国家普遍踏上由殖民主义、霸权主义铺就而成的现代化道路，帝国主义列强依靠这种路径得以快速发展并强盛起来。究其根源，关键在于资本主义的生产方式源自于资本主义无止境地追求剩余价值。为达到这一目的，便加强对国内人民的剥削，而一旦国内无法满足其需要，资本便暴露出向外扩张的本性。在现代社会里资本愈是积累，就愈需向外扩张，这是不可避免的资本霸权逻辑。因此，资本主义现代化绝不是走和平发展道路的现代化，最终必然会被和平发展的现代化所取代。与此相反，中国式现代化走的是和平发展道路，中国依靠各族人民团结奋斗来推进社会主义现代化建设，始终是维护世界和平发展的坚定力量。历史与现实证明，中国式现代化彻底摒弃了资本主义现代化的弊端，既不走殖民掠夺的老路，也不走国强必霸的歪路，而是凭借以和平方式崛起的发展道路，从根本上超越了资本主义国家对内残酷剥削、对外侵略扩张的发展逻辑。

二是以"合作共赢"超越"零和博弈"。零和博弈最初源于博弈论，这种思维认定竞争博弈的各方不存在合作的可能性，因为一方的收益必然带来另一方的损失，各方的收益和损失正好抵消，二者相加总和永远是零。所以一些持有零和博弈思维的西方国家为谋取自身的最大利益，竭尽全力"损人利己"。美国深陷零和博弈的怪圈，渲染"中国威胁论"，树立"假想敌"，挑起了一系列贸易战、货币战、网络战，对中国进行毫无底线的打压遏制，企图阻碍乃至彻底中断中国式现代化的进程。但是，中国认为国家之间不是零和博弈的对抗关系，而是合作共赢的伙伴关系，世界各国应该同舟共济，共促繁荣稳定，共享发展成果。中国坚持正确的义利观和互利共赢的开放战略，将合作共赢的理念贯彻到对外合作的各领域各方面，以合作超越对抗，以共赢超越私利，打造出充满活力的区域合作样板，通过合作共赢的方式成功走出一条办大事、办好事、办长久之事的光明大道。

三是以"文明互鉴"超越"文明冲突"。"文明冲突论"的核心观点是文明冲突将会成为未来世界和平发展的最大威胁，其实质是在二元对立思维之下，将西方资本主义文明奉为先进优质文明，而认定其他文明为落后劣质文明，并且到处宣扬"西方普世价值"，企图以西方文明改造甚至取代其他文明。事实上，文明之间本无冲突，文明差异未必造成冲突，关键在于看待不同文明的视角。中国认为世界文明具有多样性，人类创造的各种文明都蕴含着独特魅力，闪耀着璀璨光辉，各种文明超越国界、跨越时空，共同丰富点亮世界文明谱系，共同绘就人类文明百花园中百花竞相开放的绚丽景象，共同为促进人类发展进步作出重要贡献。中国提出全球文明倡议，倡导尊重世界文明多样性，倡导平等、互鉴、对话、包容的文明观，倡导全人类共同价值，以文明互鉴超越文明冲突，努力开创文明相交新局面、文明互动新格局、文明进步新图景。

二、本质要求

党的二十大报告指出："中国式现代化的本质要求是：坚持中国共产党领导，坚持中国特色社会主义，实现高质量发展，发展全过程人民民主，丰富人民精神世界，实现全体人民共同富裕，促进人与自然和谐共生，推动构建人类命运共同体，创造人类文明新形态。"[①]这九个本质要求相互联系、内在贯通，构成了一个系统完备、科学严密的有机整体。"坚持中国共产党领导"

---

① 习近平：《高举中国特色社会主义伟大旗帜　为全面建设社会主义现代化国家而团结奋斗——在中国共产党第二十次全国代表大会上的报告》，人民出版社2022年版，第23—24页。

和"坚持中国特色社会主义"明确了中国式现代化的根本政治保证和正确政治方向，揭示了中国式现代化的领导力量和方向旗帜。"实现高质量发展、发展全过程人民民主、丰富人民精神世界、实现全体人民共同富裕、促进人与自然和谐共生"着眼于推动物质文明、政治文明、精神文明、社会文明、生态文明协调发展，明确了中国式现代化的布局和路径。"推动构建人类命运共同体"和"创造人类文明新形态"明确了中国式现代化的外部条件和世界意义，体现了中国共产党的人类视野和世界情怀。这些要求既是对中国式现代化本质要求的高度概括，也是新时代中国推进社会主义现代化建设必须遵循的原则。

（一）从领导力量看

中国式现代化是中国共产党领导的社会主义现代化，这是对中国式现代化的属性定位。中国共产党的领导是中国特色社会主义最本质的特征，是中国特色社会主义制度的最大优势，也是稳步推进中国式现代化的根本保障。党的领导决定着中国式现代化的本质特征、贯穿于中国式现代化的发展全过程、引领着中国式现代化的前进方向。

中国共产党的领导为中国式现代化提供了强大的政治优势。第一，中国共产党是代表中华民族长远利益和中国人民根本利益的政党。中国共产党始终代表最广大人民的根本利益，没有任何自己特殊的利益，从来不代表任何利益集团、任何权势团体、任何特权阶层的利益，其以人民为中心的发展理念摆脱了以往一切剥削阶级追求自身特殊利益的局限。在长期实践中，中国共产党始终以人民根本利益和中华民族的长远利益作为出发点，形成了理论联系实际、密切联系群众、批评和自我批评以及艰苦奋斗、求真务实等优良作风，其自我革命的政治勇气和定力可为中国式现代化的建设注入源源不断的有生力量。

第二，中国人民和中华民族之所以能够扭转近代以来的历史命运，取得伟大成就，最根本的原因是中国共产党的坚强领导。在中国共产党的领导下，中国人民取得了新民主主义革命伟大成就、社会主义革命和建设伟大成就、改革开放和社会主义现代化建设伟大成就、中国特色社会主义新时代伟大成就，从而创造了中国式现代化道路，推进了中国式现代化实践，用几十年时间走完了西方发达国家几百年走过的工业化历程，使中华民族迎来了从站起来、富起来到强起来的伟大飞跃。历史和现实都证明：没有中国共产党的领导，就不可能有中国式现代化的开创、推进和拓展，只有坚持中国共产党的领导，坚定不移走中国特色社会主义道路，才能确保中国式现代化这艘巨轮能在惊涛巨浪中始终保持正确方向。

第三，中国共产党是中国特色社会主义事业的坚强领导核心，是最高效的政治领导力量。从第一个五年计划到第十四个五年规划，党始终致力于现代化建设的战略谋划和具体实施。在百年征程中，党始终走在时代前列，以强大的政治领导力、思想引领力、群众组织力、社会号召力领导我国14亿多人口整体迈向现代化，完成史无前例的世界性壮举。中国共产党是中国式现代化理论和实践的开创者和领导者，是中国式现代化各项事业的统领者和开拓者，具有无比坚强的领导力量，有这样的政党引领才能确保我国现代化建设的正确方向和正确道路，才能在前所未有的世界之变、时代之变、历史之变中勇毅前行，完成中华民族伟大复兴的历史重任。

以中国式现代化全面推进中华民族伟大复兴，必须坚持和加强党的全面领导。"党的领导直接关系中国式现代化的根本方向、前途命运、最终成败。"①坚持党的领导是中国式现代化稳步推进的根本保障。全面建设社会主义现代化国家、全面推进中华民族伟大复兴关键在党。无论是取得新民主主义革命的胜利，为实现中国式现代化打下坚实基础，还是在社会主义革命和建设时期组织动员各种力量建设新中国，为推进中国式现代化建设形成制度保障和物质基础，抑或是在改革开放新时期调动更广泛的力量解放和发展生产力，加速推进中国式现代化的进程，党的领导都起到了重要的组织和整合作用。在中国式现代化发展过程中，中国共产党的领导地位是根本性的、决定性的，中国共产党的领导决定中国式现代化的根本性质，也决定着中国式现代化的本质特征。可以说，没有中国共产党，就没有中国式现代化理论的建构和中国式现代化道路的成功开辟。因此，坚持中国共产党的领导是中国百年奋斗历程的基本经验，也是中国式现代化的本质要求和根本保障。只有坚持中国共产党的领导，才能激发建设中国式现代化的强劲动力，凝聚建设中国式现代化的磅礴力量，才能确保全面建设社会主义现代化强国目标的实现。

（二）从方向旗帜看

全面建成社会主义现代化强国，只有方向正确和道路正确，才能稳步实现既定目标。中国特色社会主义道路是马克思主义中国化时代化的成功实践，也是中国共产党在马克思主义指引下，带领人民历经长期艰辛探索开创的符合我国国情的正确道路。中国式现代化道路是我们党团结带领全国各族人民经过长期探索得

---

① 《习近平在学习贯彻党的二十大精神研讨班开班式上发表重要讲话强调　正确理解和大力推进中国式现代化》，《人民日报》2023年2月8日。

来的实现中华民族伟大复兴的正确道路。这条道路具有深厚的历史渊源和文明积淀，是近代以来无数仁人志士的上下求索和中国共产党自成立以来持续探索的伟大成果。中国特色社会主义是根植于中国大地、反映中国人民意愿、适应中国时代发展进步要求的科学社会主义，也是实现中华民族伟大复兴的必由之路。党的二十大报告立足新时代十年的伟大变革，将"坚持中国特色社会主义"作为中国式现代化的本质要求之一，不仅指出中国式现代化同西方式现代化的根本区别，也深刻指明了中国式现代化的根本性质和根本方向。

坚持中国特色社会主义道路，为推进中国式现代化提供了根本途径。我们党在革命、建设、改革的各个历史时期，坚持从我国国情出发，探索并形成了符合中国实际的中国特色社会主义道路。中国特色社会主义道路，就是在中国共产党领导下，立足基本国情，以经济建设为中心，坚持四项基本原则，坚持改革开放，解放和发展社会生产力，建设社会主义市场经济、社会主义民主政治、社会主义先进文化、社会主义和谐社会、社会主义生态文明，促进人的全面发展，逐步实现全体人民共同富裕，建设富强民主文明和谐美丽的社会主义现代化国家。这条道路是在中国共产党坚持马克思主义普遍真理同中国具体实际相结合，同中华优秀传统文化相结合，探索中国社会主义发展道路的过程中形成的，本质上是与科学社会主义指明的道路一脉相承的具有中国特色的社会主义道路，也是一条中国共产党在马克思主义指引下，带领人民历经长期艰辛探索开创的符合我国国情的正确道路。新时代新征程，我们要坚定不移走中国特色社会主义道路，不断推进中国式现代化建设。

坚持中国特色社会主义理论体系，为推进中国式现代化提供了科学指南。中国特色社会主义理论体系是指导党和人民沿着中国特色社会主义道路实现中华民族伟大复兴的正确理论，是立于时代前沿、与时俱进的科学理论。党的十一届三中全会以来，我们党从新的实践和时代特征出发，科学回答了改革发展稳定、内政外交国防、治党治国治军等方面的一系列基本问题，形成和发展了中国特色社会主义理论体系，为中国式现代化的开创和探索提供了科学指南。在新时代，以习近平同志为核心的党中央积极推进马克思主义中国化时代化，创立了习近平新时代中国特色社会主义思想，实现了马克思主义中国化时代化新的飞跃，是立足时代之基、回答时代之问、引领时代之变的科学理论，为推进中国式现代化提供了重要的理论指导和行动指南。

坚持中国特色社会主义制度，为推进中国式现代化提供了制度优势与制度保障。习近平总书记指出："中国特色社会主义制度是当代中国发展进步的根本制度保障，是具有鲜明中国特色、明显制度优势、强大自我完善能力的先进制度。"[1]党的十九届四中全会从13个方面系统描绘了中国特色社会主义制度的图谱，总结了我国国家制度和国家治理体系的显著优势，深刻揭示了"中国之治"的制度密码。经过改革开放以来的一系列制度探索和创新，中国特色社会主义制度已经发展成为一个严密完整的科学制度体系，涵盖党的领导和政治、经济、文化、社会、生态文明、军事、外交等各方面制度，其中根本制度、基本制度、重要制度为中国式现代化的持续推进提供了全方位、多层次的坚强制度保障。党的二十大报告明确指出，要不断彰显中国特色社会主义制度优势，不断增强社会主义现代化建设的动力和活力，这就深刻指明了中国特色社会主义制度为推进中国式现代化提供了制

---

[1]《习近平谈治国理政》第2卷，外文出版社2017年版，第36页。

度优势和制度保障。

坚持中国特色社会主义文化,为推进中国式现代化提供了文化支撑。中国特色社会主义文化积淀着中华民族最深层的精神追求,代表着中华民族独特的精神标识,是中国人民胜利前行的强大精神力量。改革开放以来,党领导人民大力发展社会主义先进文化,推进文化强国建设,特别是党在新时代大力发展中国特色社会主义文化,为推进中国式现代化提供了有力的文化支撑。党的十八大以来,我们党始终坚持马克思主义在意识形态领域的指导地位,强调文化自信,提出"坚持创造性转化、创新性发展"的重大命题和科学方法,以社会主义核心价值观为引领,发展社会主义先进文化,弘扬革命文化,传承中华优秀传统文化,不断提高国家文化软实力,并擘画了到2035年建成社会主义文化强国的宏伟蓝图,为社会主义现代化提供文化支撑。

(三)从总体布局看

基于对现代化建设的规律性认识,在开启全面建设社会主义现代化国家的关键性历史时刻,我们党提出了中国式现代化的本质要求,经济建设方面要实现高质量发展,政治建设方面要发展全过程人民民主,文化建设方面要丰富人民精神世界,社会建设方面要实现全体人民共同富裕,生态文明建设方面要促进人与自然和谐共生,分别对应"五位一体"总体布局的不同方面,既各自独立又相互促进,有利于推进社会有机体整体优化并不断向前发展。

第一,实现高质量发展。党的二十大报告明确提出:"高质量发展是全面建设社会主义现代化国家的首要任务。"[1]发展是硬道理，没有发展，现代化就缺乏物质基础。推动高质量发展是遵循经济发展规律、保持经济持续健康发展的必然要求。党的二十大概括了高质量发展的科学内涵，包括以下七个方面：一是从需求和供给两个方面共同发力，把实施扩大内需战略同深化供给侧结构性改革有机结合起来；二是统筹中华民族伟大复兴和世界百年未有之大变局两个大局，加快构建以国内大循环为主体、国内国际双循环相互促进的新发展格局；三是通过供给侧结构性改革，大力发展新兴产业，实现产业结构的优化升级，加快建设现代化经济体系；四是社会主义现代化的本质要求是创造比资本主义更高的经济效益，要以提高全要素生产率来破解人均资源占有量少、生态环境脆弱等现实难题；五是处理好经济发展安全问题，着力提升产业链供应链韧性与安全水平；六是处理好城乡和区域经济关系，着力推进城乡融合和区域协调发展；七是必须处理好经济发展中的速度与效益的关系问题，不能顾此失彼，要推动经济实现质的有效提升和量的合理增长。因此，高质量发展是城乡、区域、经济社会相协调的发展，是具有可持续性的、低碳循环的绿色发展，是高水平对外开放的发展。推动高质量发展是有效防范化解各种重大风险挑战、以中国式现代化全面推进中华民族伟大复兴的必然要求。

实现高质量发展是中国式现代化的动能与优势。中国发展进入新的历史方位，推动中国式现代化、全面建设社会主义现代化国家就要坚持高质量发展，要完整、准确、全面贯彻以创新、协调、绿色、开放、共享为内涵的新发展理念，着力构建新发展格

---

[1] 习近平：《高举中国特色社会主义伟大旗帜　为全面建设社会主义现代化国家而团结奋斗——在中国共产党第二十次全国代表大会上的报告》，人民出版社2022年版，第28页。

局，深入实施科教兴国战略、人才强国战略和创新驱动发展战略，不断塑造发展新动能新优势。要构建高水平的社会主义市场经济体制，充分发挥市场在资源配置中的决定性作用。更好发挥政府作用，建设现代化产业体系，实现三大产业融合发展，提高全要素生产率，促进区域协调发展。推进城乡融合发展，全面推进乡村振兴，推进农业农村现代化与新型工业化、信息化、城镇化同步发展。坚持推进高水平对外开放，推动经济社会发展绿色化、低碳化，构建以国内大循环为主体、国内国际双循环相互促进的新发展格局。要不断推进高水平对外开放，深度参与全球产业分工和合作，用好国内国际两种资源，拓展中国式现代化的发展空间。

第二，发展全过程人民民主。全过程人民民主是社会主义民主政治的本质属性，民主化是社会主义现代化的普遍规律和核心要义。人民民主是人民当家作主的民主，是社会主义的生命，是全面建设社会主义现代化国家的应有之义。全过程人民民主是最广泛、最真实、最管用的民主，是贯穿选举、协商、决策、管理、监督，贯通国家政治和社会生活各层面各维度，覆盖国家各项事业、各项工作的全过程民主，是民主内容丰富、民主渠道多元、民主形式多样的人民民主。人民代表大会制度是全过程人民民主的重要制度载体，协商民主是全过程人民民主的重要形式，基层民主是全过程人民民主的重要体现。发展全过程人民民主，不仅充分体现了人民的意志、保障了人民的权益，确保了人民当家作主的主体地位，而且有利于发挥人民群众创造历史的主体作用，调动人民群众的积极性、主动性和创造性。

在推进中国式现代化进程中发展全过程人民民主。全过程人民民主与西方议会制民主有着本质不同，它是社会主义民主政治的本质属性，是最广泛、最真实、最管用的民主。在现代化进程中发展全过程人民民主，必须坚持中国共产党领导，坚持人民主体地位，坚持全面依法治国，坚持走中国特色社会主义政治发展道路。坚持中国共产党领导是发展全过程人民民主的根本保证，中国共产党是代表最广大人民根本利益的政党，是最高政治领导力量，中国共产党的领导是中国特色社会主义最本质的特征，是中国特色社会主义制度的最大优势。坚持人民主体地位，是发展全过程人民民主的核心要义，因为中华人民共和国的一切权力属于人民，发展为了人民、发展依靠人民、发展成果由人民共享。坚持全面依法治国，是发展全过程人民民主的制度保障，必须通过中国特色社会主义法治体系来保障全体人民和社会成员参与民主选举、民主协商、民主决策、民主管理、民主监督的权利，使全过程人民民主在立法、执法、司法、守法等环节得以全部贯通与实现。坚持走中国特色社会主义政治发展道路是发展全过程人民民主的实践路径，必须把我国社会主义民主政治的特点和优势充分发挥出来，同时注重吸收借鉴人类政治文明的一切有益成果，健全人民当家作主的制度体系，坚持和完善我国根本政治制度、基本政治制度、重要政治制度，拓展民主渠道，丰富民主形式；全面发展协商民主，完善协商民主体系；积极发展基层民主，完善基层直接民主制度体系和工作体系；巩固和发展最广泛的爱国统一战线，动员全体中华儿女齐心协力共圆中华民族伟大复兴中国梦。

第三，丰富人民精神世界。中国式现代化是物质富裕的现代化，也是精神世界丰富的现代化。人民物质富足、精神富有是社会主义现代化的根本要求。中国共产党人很早就意识到物质贫困与精神贫乏都不是社会主义，随着物质建设的发展，精神建设也要跟上。只在物质维度上推进现代化，忽视精神维度的精神建设，这样的现代化是不全面、不完整、不彻底的。人的精神世界的发展是人民美好生活中不可缺失的关键一环，也是人的全面发展的重要内容之一。人民精神世界是否丰富也是衡量一个社会发展水平的重要标准。可以说，丰富人民精神世界是加强社会主义精神文明建设、促进人的全面发展的必然要求，是体现社会主义优越性的一个重要标识。

丰富人民精神世界是推进中国式现代化、创造人类文明新形态的必然要求。中国式现代化是社会主义的现代化，它在本质上要求创造不同于资本主义文明的人类文明新形态。正如习近平总书记在学习贯彻党的二十大精神研讨班开班式上所强调的，"中国式现代化，深深植根于中华优秀传统文化，体现科学社会主义的先进本质，借鉴吸收一切人类优秀文明成果，代表人类文明进步的发展方向，展现了不同于西方现代化模式的新图景，是一种全新的人类文明形态"[1]。这一人类文明新形态既要充分满足人民日益增长的物质生活需求，又要充分满足人民日益增长的精神文化需求。新时代新征程，以中国式现代化全面推进中华民族伟大复兴，前景无比光明，但是越接近实现中华民族伟大复兴的目标，我们越要重视精神文化建设。在全面建设社会主义现代化国家的新征程上，必须以满足人民不断增长的文化需求为立足点，大力繁荣发展文化事业和文化产业，大力弘扬社会主义核心价值观，不断丰富人民的精神世界，增强人民的精神力量，充分调动中国人民投身现代化建设的积极性、主动性和创造性。

第四，实现全体人民共同富裕。全体人民共同富裕是中国特

---

[1]《习近平在学习贯彻党的二十大精神研讨班开班式上发表重要讲话强调　正确理解和大力推进中国式现代化》，《人民日报》2023年2月8日。

色社会主义本质属性的根本体现，也是中国式现代化的本质要求。全体人民共同富裕作为人类社会孜孜以求的美好生活样态，既是马克思主义为未来社会构建的美好图景，也是广大人民群众的共同追求，更是中国共产党的奋斗目标。百余年来，中国共产党始终把追求共同富裕贯穿于中国式现代化道路形成与发展的历史进程中。习近平总书记多次强调，"共同富裕是社会主义的本质要求"，这就将共同富裕提升为社会主义的本质要求，赋予了社会主义本质理论以新的时代内涵，是对社会主义本质理论的新阐释。新时代以来，在习近平新时代中国特色社会主义思想指引下，我们党团结带领全国人民努力奋斗，扎实推进共同富裕，取得了国家经济实力显著增强、人民生活质量持续改善、社会保障制度不断健全、脱贫攻坚任务如期完成等举世瞩目的成就，历史性地解决了绝对贫困问题，使共同富裕追求与成效更加真实、更加可感。

实现共同富裕作为一项前无古人的开创性事业，前进道路不可能一帆风顺。现代化的进程中仍面临着贫富现象突出、收入分配差距偏大、城乡区域发展不平衡等现实问题。习近平总书记指出："共同富裕是中国特色社会主义的本质要求，也是一个长期的历史过程。"[1]对于实现共同富裕的长期性、艰巨性、复杂性，我们要有充分的思想准备。既要看到，经过几十年的理论和实践探索，我们对社会主义的认识，对中国特色社会主义规律的把握，已经达到了一个前所未有的新高度；也要看到，我国社会主义还处于初级阶段，社会主义事业越发展、改革越深入，新情况新问题就会越多，面临的风险和挑战就会越多。在新的历史条件

---

[1] 习近平：《高举中国特色社会主义伟大旗帜　为全面建设社会主义现代化国家而团结奋斗——在中国共产党第二十次全国代表大会上的报告》，人民出版社2022年版，第22页。

下，必须把实现人民对美好生活的向往作为现代化建设的出发点和落脚点，坚持以人民为中心的发展思想，大力推进全民共享、全面共享、共建共享、渐进共享，着力维护和促进社会公平正义，使现代化建设成果更多更公平地惠及全体人民，不断增强人民群众的获得感、幸福感和安全感，不断提升人民生活品质，朝着实现全体人民共同富裕的目标稳步推进。

第五，促进人与自然和谐共生。促进人与自然和谐共生是中国式现代化的本质要求，也是对西方式现代化发展理念的超越。人与自然和谐共生的理念是在充分反思西方式现代化带来的人与自然关系对立，以及由此引发的人与社会关系紧张等一系列弊端的基础上进行的批判与超越，是一种深邃的思想洞见和超前的价值观念，是对新时代中国特色社会主义现代化的一种全新定位。中国式现代化充分吸收西方式现代化建设过程中的经验教训，正确处理好人与自然之间的关系，坚持走生态优先、绿色发展之路。人类既是合理利用自然的主体也是保护自然的主体。中国式现代化决不沿袭西方式现代化人与自然对立的发展模式，也决不走其先污染后治理的老路，而要走出一条尊重自然、顺应自然、保护自然的绿色发展道路，一条人与自然和谐共生的新型现代化道路。

党的十八大以来，我们坚定不移地推进人与自然和谐共生的现代化道路实践，生态环境质量显著改善，人民群众幸福感大幅提升，生态优势转变为经济动能和发展优势，有效化解了经济发展与生态环境之间的紧张关系。尊重自然、顺应自然、保护自然，是全面建设社会主义现代化国家的内在要求。中国式现代化坚持绿色发展，追求的是一种更高质量、更高效率、更可持续的发展模式；坚持节约优先、保护优先、自然恢复为主，坚定不移走生产发展、生活富裕、生态良好的文明发展道路；力求在最优质态、最佳量度、最良序化和最优模式下，沿着绿色发展、低碳发展、可持续发展的道路，以对自然环境最小的风险和危害以及适宜的发展速度，获得最大的发展收益。释放生产能力的同时保护发展潜力，注重同步推进物质文明和生态文明建设。既要创造更多物质财富和精神财富以满足人民日益增长的美好生活需要，也要提供更多优质生态产品以满足人民日益增长的优美生态环境需要。努力为人民群众提供更多优质生态产品和更高的生态价值，使优美生态环境成为人民幸福生活的增长点。

（四）从人类视野看

当前，世界百年未有之大变局加速演进，世界之变、时代之变、历史之变正以前所未有的方式展开。面对"世界怎么了，我们怎么办"这一世界之问，中国式现代化高举和平、发展、合作、共赢的旗帜，始终坚定站在历史正确的一边，站在人类进步的一边。立足中国本土与整个世界的联系，推动构建人类命运共同体和创造人类文明新形态，充分体现了中国与世界的良性互动关系，彰显了中国式现代化致力于人类发展与进步的天下情怀和世界意义。

构建人类命运共同体是我们党在领导推进中国式现代化过程中，科学把握时代脉搏、顺应时代潮流、回应时代之问的中国答卷。站在世界历史的高度，紧跟时代步伐，审视当今世界发展的总体趋势和面临的问题。一方面，当今世界各国之间的联系日益紧密，相互依存程度空前加深，人类交往比任何时候都更加深入而广泛，世界愈来愈成为相互交融、荣辱与共的命运共同体；另一方面，人类社会面临许多亟待解决的现实问题，任何一个国家出现问题或潜在风险，都有可能进一步演化成为全球性挑战，引发世界性风险。因此，世界各国唯有和衷共济、风雨同舟、和合共生，国际上的事情由世界各国共同商量着决定，全球性难题由世界各国携手共同解决，世界发展繁荣由世界各国共同推进，才能使人类现代化之舟行稳致远。构建人类命运共同体正是以时代发展的眼光，从整体上思考人类前途命运所提出的人类未来新道路，是时代发展的必然趋势。

构建人类命运共同体为人类现代化建设提供了新视野、新思维，拓展了发展中国家迈向现代化的新途径。以合作共赢、共建共享开辟共同发展通途，深化国际合作，拓展合作领域，正视并设法解决发展失衡、公平赤字等问题，缩小南北差距，推动各国人民共同富裕，共享现代化发展成果；以对话协商、文明互鉴开辟和平发展通途，坚持沟通，真诚相处，管控矛盾分歧，有效规避"修昔底德陷阱"，尊重各民族文明，取长补短，弘扬全人类共同价值，促进各国人民互信互敬、相知相亲；以协调推进、系统谋划开辟全面发展通途，坚持以人民为中心统筹推进各领域共同发展，努力推动物质文明和精神文明协调并进，共谋可持续的全面发展道路；以兼收并蓄、开放包容开辟自主发展通途，立足本国国情，辩证吸收有益成果，探索符合国情的独立自主之路。构建人类命运共同体，就是要促进世界和平发展，努力构建美美与共、和谐美好、合作共赢、共同繁荣的人类新世界。

人类文明新形态是中国式现代化的本质要求，也是中国式现代化为人类文明作出的新的重大贡献。现代化是人类文明发展进步的目标，中国式现代化实现了社会主义制度与现代化的有机统一。在新的历史方位下，中国共产党带领中国人民成功走出中国式现代化道路，创造出人类文明新形态这一重大成果。人类文明新形态是中国式现代化在文明形态领域中的具体表现，实现了物质文明、政治文明、精神文明、社会文明、生态文明协调发展。中国式现代化是致力于实现世界和平与发展的现代化，既切合中国实际，体现了社会主义建设规律，也体现了人类社会发展规律，符合全人类的根本利益。

创造人类文明新形态充分彰显了中国式现代化对西方式现代化的超越。一方面，中国式现代化把准了西方旧式现代化的症结所在，立足于道义制高点和文明制高点，逐渐摆脱了对西方式现代化理论与实践的初级学习和模仿，形成了立场鲜明、实践有效且具有中国特色的现代化新理论。另一方面，中国式现代化尊重文明多样性，充分吸纳人类文明的一切有益成果，是具有鲜明中国特色的人类文明新形态，它的成功实践充分说明西方式现代化道路、制度和模式并非所有国家现代化的唯一选择，极大丰富和拓展了人类社会现代化的内涵与外延，实现了人类文明形态的崭新发展，为人类走向更加美好的未来开辟了新道路、提供了新选择。

三、重大原则

党的二十大报告明确了全面建成社会主义现代化强国这一新征程的奋斗目标，擘画了以中国式现代化实现中华民族伟大复兴的宏伟蓝图。继续推进并成功拓展中国式现代化是一项兼备开创性、探索性和系统性的艰巨事业，需要做到未雨绸缪、大胆探索、统筹兼顾，在前进道路上必须牢牢把握并毫不动摇地坚持中国式现代化的五项重大原则。这五项重大原则相互联系、相辅相成，从根本保证、旗帜引领、根本立场、活力之源和精神品质五个层面，深刻揭示了推进中国式现代化的科学方法，是一个具有协同性的有机整体，亦是我们党经历长期探索与实践得出的经验，为中国式现代化发展提供了根本遵循。

（一）根本保证：坚持和加强党的全面领导

中国共产党作为中国特色社会主义事业的领导核心，是引领中国式现代化进程的核心力量；作为世界政党的重要组成部分，是推动世界现代化进程的重要力量。中国共产党是我国一切发展的根基与命脉所在，坚持中国共产党的坚强领导是我们创造百年辉煌、不断从胜利走向胜利的关键所在。因此，无论什么时候，我们都必须始终坚持和加强党中央集中统一领导。

坚持和加强党的领导是推进中国式现代化的关键和保证。中国共产党以其指导思想的科学性、价值立场的人民性、政治品格的先进性、天下情怀的普惠性等特征为推进中国式现代化提供根本保证。从指导思想来看，中国共产党以马克思主义为指导，将马克思主义理论与中国式现代化的伟大实践相结合，与中华优秀传统文化相结合并进行创造性转化和创新性发展，灵活运用辩证唯物主义和历史唯物主义，系统回应和科学解答事关党和国家事业发展的一系列时代课题，成功推进和拓展了中国式现代化；从价值立场来看，中国共产党始终站稳人民立场、把握人民愿望、增进人民福祉、集中人民智慧、尊重人民创造，依靠人民力量，凝聚起推进中国式现代化的磅礴伟力，成功创造出经济快速发展与社会长期稳定的人类现代化奇迹；从政治品格来看，中国共产党勇于自我革命，科学研判大党独有难题，保持战略清醒和坚定，在中国式现代化的征程上成功开拓了党长期执政之道、强党强国之道，确保始终保持旺盛生机活力，确保始终成为推进中国式现代化的坚强领导核心；从天下情怀来看，中国共产党是立己达人、心系天下的政党，在推进中国式现代化进程中兼顾世界人民幸福与全人类解放，倡导各国团结合作、共同发展、共享机遇、共创未来，携手同行共建共享共赢大道，让更多现代化成果更公平地惠及各国人民。

坚持和加强党的领导须全面、系统、整体加以贯彻落实。党的领导不是抽象、空洞、零散的，而是实践、具体、有机的，同时也是全面、系统、整体的，因而要将党的全面领导贯彻到底，贯穿于社会主义现代化强国建设的各项具体部署，落实到中国式现代化建设的各领域各方面各环节。坚持和加强党对经济建设的领导，就要着眼于推动经济发展从高速发展走向高质量发展，探索更为成熟和完善的社会主义基本经济制度，科学把握并准确贯彻新发展理念，真正实现质的有效提升和量的合理增长；坚持和加强党对政治建设的领导，就要践行全过程人民民主，深刻领会党的领导与依法治国、人民当家作主之间有机统一的关系，真正把党的领导与协商民主、统一战线有机结合起来，运用制度体系切实保障人民当家作主，在推进国家治理体系和治理能力现代化新征程上迈出更加坚实的步伐；坚持和加强党对文化建设的领导，就要在掌握意识形态工作领导权的基础上引领文化建设前进方向，以不断铸就的社会主义文化新辉煌持续推动党和人民事业向前发展，等等。

坚持和加强党的全面领导蕴含丰富的道理、学理、哲理。在道理上，党的领导地位不是党本身赋予的，而是历史的结论，是历史和人民的共同选择。历史和实践充分证明，我们党领导人民实现了民族独立与人民解放，成功迈向通往国家富强和人民幸福的进步阶梯。这些伟大成就只有在党的领导下才能取得,也只有中国共产党"能"。在学理上,我们党不断深化对马克思主义发展规律的认识,在"两个结合"的基础上持续推动马克思主义中国化时代化,以独立自主的姿态成功探索出葆有中国特色的社会主义道路。若无中国共产党,便无中国特色社会主义,更无中国式现代化的探索与实践。在哲理上,我们党带领人民创造性地运用社会基本矛盾的辩证关系原理,通过加快上层建筑领域的改革,不断适应生产力发展的要求,建立并巩固经济基础,从而不断推动社会发展进步。

(二)旗帜引领:坚持中国特色社会主义道路

中国特色社会主义道路是马克思主义中国化时代化的成功实践,也是一条反映中国人民意愿、顺应历史发展大势、符合我国国情的正确道路,我们必须坚定道路自信,保持战略定力,坚持对中国特色社会主义道路的深入探索。

坚持中国特色社会主义道路要坚定道路自信。中国特色社会主义道路有其深厚的历史根基和坚实的实践基础,这条道路并非从天而降,也并非他人恩赐,而是我们党团结带领全国各族人民历经千辛万苦、克服艰难险阻、付出巨大代价所开辟的一条光明大道。这条道路根植于中国大地,不但契合探索和推进中国式现代化的建设实际,反映中国人民的意愿,体现人民对现代化强国与幸福安康生活的共同向往,而且顺应历史发展大势,适应时代发展要求,兼顾中国与世界各国共同发展繁荣。历史和实践证明,我们党之所以能够带领人民在各个重大历史时期取得伟大历史性成就,关键在于坚持从我国国情出发,成功探索出争取民族独立与人民解放,进而实现国家富强与民族复兴的正确道路,并一以贯之地坚持下去。因此，要坚信中国特色社会主义道路是建成社会主义现代化强国、实现人民幸福安康、拓展人类现代化新通途的康庄大道、必由之路，不仅走得对、走得通，而且凭借其强大生命力和巨大优越性，能够走得稳、走得好，因而必须毫不动摇地走下去。

坚持中国特色社会主义道路要保持战略定力。当前，世界进入新的动荡变革期，单边主义、霸权主义不时抬头，全球经济复苏步履维艰，地区冲突和局部战争频繁发生；我国进入战略机遇与风险挑战并行期，改革发展稳定任务伟大壮阔而艰巨繁重。面对前进道路上的可预料和难以预料的风险挑战，只有时刻保持头脑清醒，坚定旗帜方向，增强善于观大势、善于顾大局、善于谋长远的战略定力，才能不迷失方向、不错失良机、不出现颠覆性错误。保持战略定力就要以经济建设为中心，协调推进各方面的建设，坚持独立自主、自信自立、自力更生，从本国国情出发依靠本民族力量探索推进中国式现代化发展，加快构建新发展格局，以高水平科技自立自强不断塑造发展新动能，将本国发展进步的命运掌握在自己手中；要坚持四项基本原则，坚持道不变、志不改，一方面要坚持科学社会主义基本原则，深化对社会主义建设规律的认识，并使其在实践中得以不断丰富发展，另一方面要涵养不为一时一事所惑的战略定力，不随波逐流，坚决摒弃封闭僵化的老路和改旗易帜的邪路。

坚持中国特色社会主义道路要深化道路探索。经过艰苦卓绝的努力，我们党在前所未有的高度上深化和拓展了对社会主义、中国特色社会主义的认识，但是我们仍要清醒地看到，我国社会主义建设尚处于初级阶段，面临不少尚未弄清楚和亟待解决的问题，仍然需要下大功夫去认识和处理。当前发展中国特色社会主义既具备显著优势，又面临严峻挑战，还会遇到各种层出不穷的新情况、新问题、新风险，这都需要我们持续深化道路探索，发扬历史主动性和创造性，科学认识和把握中国特色社会主义规律，在大胆探索和团结奋斗中砥砺前行。深化道路探索就要坚持党对现代化建设的全面领导，通过经济高质量发展和科技高水平自立自强，不断塑造发展新格局、新引擎、新动能、新优势，并以此来带动政治、文化、社会、生态、教育、外交、国防等各领域各环节的全面跃升，创造并丰富人类文明新形态，开辟并拓展人类现代化新路径。

（三）根本立场：坚持以人民为中心的发展思想

人民群众是历史的创造者，不仅创造了丰富的物质财富，而且创造了宝贵的精神财富。中国式现代化坚持以人民为中心的发展思想，坚决维护最广大人民的根本利益，坚持发展为了人民、发展依靠人民、发展成果由人民共享。

坚持发展为了人民。马克思和恩格斯强调"无产阶级的运动是绝大多数人的，为绝大多数人谋利益的独立的运动"[1]。我们党作为无产阶级的先锋队，始终恪守为民族谋复兴、为人民谋幸福的永恒初心使命，在推进和拓展中国式现代化进程中亦是如此。中国式现代化注重维护最广大人民的根本利益，以实现全体人民共同富裕，促进人的全面自由发展进而推动社会全面进步为价值旨归，不同于西方以资本为中心、造成人的异化、空虚化、片面化的现代化，在现代化建设的各个时期、各个方面、各个环节始终贯穿着一根以人民为中心的红线。不论是在革命、建设、改革的各个历史时期，还是在攸关党和国家前途命运的关键历史

---

[1]《马克思恩格斯文集》第2卷，人民出版社2009年版，第42页。

节点，我们党始终以人民群众的利益为出发点和落脚点，秉承念兹在兹的为民情怀，真心诚意为人民群众做实事、解难事、办好事。面向新征程，我们更要想民之所想，解民之所忧，行民之所嘱，办民之所需，进一步增进人民福祉，改善人民生活，不断把为人民造福事业推进向前，不断把人民对美好幸福生活的向往变为现实。

坚持发展依靠人民。在唯物史观的视野中，人民群众是历史的创造者，不仅创造了丰富的物质财富，而且创造了宝贵的精神财富。中华民族之所以能够创造出灿烂的物质文明和精神文明并使之协调发展，之所以能够迎来从"站起来"到"富起来"再到"强起来"的伟大飞跃，得益于党紧密团结并依靠人民群众进行艰苦卓绝的奋斗。历史和实践表明，人民群众是创造一切伟大成就的主体力量，是关乎党和国家各项事业发展的根本决定性力量，推进和拓展中国式现代化同样离不开人民，我们要紧紧依靠人民群众，在中国式现代化新征程上创造出新的历史伟业。要坚持走好群众路线，自觉拜人民为师，以学生姿态虚心向人民请教学习，充分集中并运用群众智慧，充分释放人民群众无穷无尽的创造力，使人民真正成为中国式现代化实践的时代阅卷人，使人民开出的"土方"成为续写中国式现代化新华章的"良方"。

坚持发展成果由人民共享。中国式现代化的重要特征之一是全体人民共同富裕，这既是中国特色，更是实践要求。中国式现代化的经济基础是生产资料公有制，不同于西方以资本增殖为目的的生产资料私有制，我国的经济制度以满足中国人民的需要为生产的根本目的，以现代化发展成果更多更好更公平地惠及全体人民为根本追求。党的二十大报告对现代化建设作出的一系列重大战略部署、重要举措充分体现了由人民共享现代化成果。通过初次分配、再分配与第三次分配相协调的收入分配制度，调动人民的积极性、创造性，缩小收入差距，矫正分配差距，规范财富积累机制，兼顾效率与公平，从而实现经济良性发展和循环，逐步实现共同富裕。通过积极的就业政策与就业促进机制，推动实现高质量充分就业。通过全覆盖、多层次、可持续的社会保障体系，切实保障全体人民在教育、网络、医疗、养老、环境等方面共享现代化建设成果。

（四）活力之源：坚持深化改革开放

40多年的实践充分证明，改革开放是党和人民大踏步赶上时代的重要法宝，是坚持和发展中国特色社会主义的必由之路，是决定当代中国命运的关键一招，也是决定实现"两个一百年"奋斗目标、实现中华民族伟大复兴的关键一招。只有顺应历史潮流，坚持深化改革，才能与时代同行。

坚持深化改革开放只有进行时没有完成时。中国式现代化是与时俱进的事业，深化改革开放永远在征途上，实践永无止境，深化改革开放亦永无止境。40多年来，中国依靠改革开放推动各领域取得累累硕果，创造了人类现代化史上罕见的发展奇迹，综合国力得以大幅跃升，国际地位得以根本改观。当前我们依靠改革开放推进中国式现代化具有了更加坚实的物质、制度和精神基础，但仍要清醒地看到，随着改革开放不断推向纵深，我们正处于改革的关键期和攻坚期，国内外发展环境越来越严峻复杂，不平衡、不协调、不可持续的发展问题更加凸显，尚未解决的深层次矛盾与层出不穷的新问题交织叠加、纷繁复杂。解决这一系列重大问题，迫切需要全面深化改革，这就在客观上要求改革的步伐不能停歇、开放的大门不能关闭，必须将改革开放一以贯之地进行下去。

坚持深化改革开放要深入推进改革创新。伴随新一轮科技革命和产业变革的孕育兴起，当前我国发展进入新的战略机遇期，在面临新的战略环境、立足新的战略阶段、把握新的战略要求、完成新的战略任务时，都需要以全面改革创新来为之添动能、求突破。要坚持改革创新的正确方向，科学把握深化改革的总目标，站稳以人民为中心的改革立场，持续完善中国特色社会主义制度，将制度优势更好转化为治理效能。要坚持正确方法论，既要大胆探索，又要稳扎稳打、善作善成，既要重点突破，又要协调推进。深化改革是一个社会系统工程，需要坚持全面改革，把握系统观念、强化系统思维，在内政外交国防等各方面开展整体性、系统性、协同性改革，并将与之协调配套的制度体系建构得更加保障有力、系统完备、科学规范、成熟定型、运行有效。

坚持深化改革开放要坚定不移扩大开放。开放带来进步，封闭导致落后。回首中华民族波澜壮阔的奋斗历程，中国通过对外开放实现经济实力大幅提升，成功融入世界经济的汪洋大海，有力促进了经济社会发展和国际地位提高。我们深刻认识到过去的经济发展成果是在开放条件下取得的，关起门来搞发展行不通，一味自我封闭只会脱离世界发展轨道，必然导致落后，只有通过开放合作才能获得更多的发展机遇、拓展更大的发展空间。中国要持续进步，就必须不断扩大开放，不断加强与世界的合作，既要科学谋划对外开放战略，自主出台更多扩大开放措施，建设更高水平开放型经济新体制，又要构建自立自强、协调联动的高水平新发展格局，推动高质量共建"一带一路"，反对"筑墙设垒"、单边制裁、极限施压，以高水平对外开放拓展中国式现代化发展空间。我们在开放当中还要维护国际产业链、供应链稳定，以中国发展为世界发展提供新机遇、注入新动力。

（五）精神品质：坚持发扬斗争精神

敢于斗争、善于斗争是中国共产党攻坚克难的制胜法宝，也是党和人民共同创造的宝贵精神财富。敢于斗争要有斗争精神和斗争原则，必须坚持以习近平新时代中国特色社会主义思想为根本遵循，准确把握斗争的原则、方法，增强斗争本领，坚定斗争意志，勇于直面问题，克服前进道路上的一切艰难险阻。

坚持发扬斗争精神须增强志气骨气底气。发扬斗争精神须涵养以民族复兴、强国建设为己任的高远志气。既要坚定理想信念，坚守崇高志向，不信邪，在纷繁复杂的局势中保持正确方向，又要始终胸怀"国之大者"，树立砥砺初心的决心和勇气，立志于将"难题"转化为"奇迹"，把"不可能"转变为"一定能"。发扬斗争精神须增强知难而进、迎难而上、刚强不屈的浩然骨气。既要锻造越是艰难越向前的精神骨气，坚持自力更生、不惧风险、不畏强权、不怕鬼，坚决反对听天由命、畏葸不前，又要弘扬敢为人先、勇于突破、勇于担当的执着精神，坚决拒绝"躺平"主义、精致利己主义，不做因循守旧、满足现状者。发扬斗争精神须积蓄自信自强的深厚底气。既要保持战略自信，坚持文化自信，永葆奋发昂扬的精神面貌，又要锻造过硬本领，砥砺奋进，不断增强我国综合国力，不断提升国际影响力。

坚持发扬斗争精神以全力战胜风险挑战。历史表明，敢于斗争、善于斗争是助力我们战胜国内外各种风险挑战、危机困难的强大精神力量。面向新征程，我们所处的环境依然充满严峻的风险挑战乃至惊涛骇浪，尤其需要发扬斗争精神。从世情上看，国际力量对比深度调整，世界经济复苏乏力，保护主义、霸权主义、单边主义只增不减，地缘政治局势紧张，生态环境持续恶化，面对前所未有的国际风险危机，必须进行坚决斗争，奋勇搏击。从国情上看，我国进入机遇与挑战并存期，各种风险挑战层出不穷、不断积累、交织叠加。我国要实现持续发展必须解决一大批深层次矛盾，只有发扬斗争精神，才能助力破解发展不平衡不充分难题、打赢关键技术核心战等，以斗争化解风险、转危为机。从党情上看，消除党内存在的各种风险隐患，推进党的自我革命等都需要发扬斗争精神，以此永葆党的先进性和纯洁性。

坚持发扬斗争精神开创事业发展新天地。回首中国共产党百年奋斗历程，栉风沐雨、披荆斩棘、波澜壮阔，以砥砺奋进绘就了一幅浓墨重彩的绚丽历史画卷，在不同历史时期接续取得了非凡的历史性成就，尤其是进入新时代，我们打赢脱贫攻坚战、开展蓝天碧水净土保卫战，在斗争中开拓出"当惊世界殊"的现代化建设奇迹，铸就了"此卷长留天地间"的不朽篇章。面向未来，我们要赓续斗争精神，发扬优良传统，以奋进拼搏、顽强斗争的精神风貌开辟事业发展新天地。发扬斗争精神就要把握历史主动，把准斗争方向，笃定初心使命，驾驭斗争全局；要提高斗争本领，强化担当作为，增强斗争意志，掌握斗争规律，注重策略方法；要增强忧患意识、提高防范化解风险能力，用奋进拼搏开创事业发展新天地。

第三章

回答世界之问的中国立场

当前，世界百年未有之大变局加速演进，不确定性、不稳定性因素更加突出。人类再次处于何去何从的历史交汇点上，新的困难与挑战成为各国人民面临的重要问题。回顾百余年奋斗历程，我们党团结和带领中国人民成功走出了中国式现代化道路，创造了人类文明新形态，拓展了发展中国家走向现代化的途径。中国式现代化提供了构建现代化的新视角、新体系、新方案，为人类的现代化事业作出突出贡献，深刻阐明了回答世界之问要坚守人民至上理念、秉持独立自主原则、树立守正创新意识、弘扬立己达人精神、保持奋发有为姿态的中国立场，从而全力战胜前进道路上的各种风险与挑战，牢牢把握以中国式现代化全面推进中华民族伟大复兴的使命任务。

一、人民至上

坚持人民至上是马克思主义政党的根本立场，也是实现中国式现代化的动力和源泉，彰显了人民领袖坚定的人民立场和真挚的为民情怀。习近平总书记指出：人民是历史的创造者，是历史的主体，是现代化道路的创造者和推动者，理应也是现代化道路的受益者。坚持以人民为中心，是我们党百年光辉奋斗历程一以贯之的基本立场，是一切工作的出发点和落脚点，也是实现中国式现代化的本质要求和应有之义。

（一）人民是推进现代化最坚实的根基

中国式现代化是近代以来中国共产党团结和带领中华民族和中国人民不懈追求的美好愿景。在14亿多人口的超级大国全面建设社会主义现代化国家,是一项史无前例的崭新事业。这项新事业需要我们坚持党的全面领导,"我们党根基在人民、血脉在人民,必须把人民放在心中最高位置,始终以百姓心为心"①。人民是推进现代化的力量之源、胜利之本,也是检验现代化成果的"试金石",因此,我们要紧紧依靠人民这一最基础、最庞大、最有效的主体力量,使中国式现代化事业行稳致远。

中国共产党自成立之日起,就把"人民"二字写在了鲜艳的旗帜上,时时刻刻把为人民谋幸福、为民族谋复兴作为矢志不渝的初心与使命,回顾中国百年奋斗历程,我们党团结带领中国人民不懈奋斗,对现代化建设进行艰难求索,从一穷二白走向伟大复兴,从播下革命火种的小小红船到领航复兴伟业的巍巍巨轮,谱写了波澜壮阔的历史画卷,留下了弥足珍贵的物质财富和精神财富,生动地诠释了我们党的百年历史是一部党与人民心连心、同呼吸、共命运的历史。正因为我们党始终坚守初心和使命,紧紧团结和依靠人民群众,一切以人民群众的利益为中心,赢得了人民群众的支持与拥护,不断从群众中汲取智慧和力量,因而能够战胜国内外一切困难和挑战,一路上披荆斩棘、奋勇前行,克服前进道路上的艰难险阻,赢得一个又一个的伟大胜利,带领中华民族实现了从站起来、富起来再到强起来的伟大飞跃。历史雄辩地证明,人民是推进现代化最坚实的根基、最深厚的力量,也是我们党立于不败之地的根本保证。百余年来,我们党不断创造前所未有的"中国奇迹",始终保持着一种超乎寻常的坚定力和旺盛的生命力,关键就在于坚持江山就是人民,人民就是江山的

---

① 《习近平在中央党校(国家行政学院)中青年干部培训班开班式上发表重要讲话强调　立志做党光荣传统和优良作风的忠实传人　在新时代新征程中奋勇争先建功立业》,《人民日报》2021年3月2日。

出发点和落脚点。实现党的第二个百年奋斗目标，同样要依靠人民群众的伟大作用，勠力同心、开拓进取、攻坚克难。

（二）现代化的最终目标是实现人自由而全面的发展

新时代推进国家治理体系和治理能力现代化，实现人自由而全面的发展，必须坚持以人民为中心的发展思想。党的二十大报告强调，要"维护人民根本利益，增进民生福祉，不断实现发展为了人民、发展依靠人民、发展成果由人民共享，让现代化建设成果更多更公平惠及全体人民"[①]。政党要锚定人民对美好生活的向往，努力实现物质富裕、政治清明、精神富足、社会安定、生态宜人，让现代化更好回应人民各方面诉求和多层次需要，不断创新治理理念，增进人民福祉，充分调动人民群众的积极性和主创性。

坚持以人民为中心实现物质富裕。"一花独放不是春，百花齐放春满园。"党的十八大以来，以习近平同志为核心的党中央团结带领各族人民踔厉奋发、锐意进取，在经济建设领域取得了历史性的新成就，深刻践行以人民为中心的发展思想。人民是现代化丰硕成果的创造者和推动者，发展成果理应由全体人民共享。中国式现代化是惠及14亿人口的现代化，发展红利不能只惠及部分地区、部分人民，更不能为了少数人的利益而放弃大多数人的利益，要让全体人民实实在在、真真切切享受到现代化建设的物质成果。面对新时期的新任务，关键就在于我们党是否把人民的利益作为改革的出发点和落脚点，是否从根本上落实人民至上的价值追求，是否殷切回应了人民的诉求与愿望，是否解决

[①] 习近平：《高举中国特色社会主义伟大旗帜　为全面建设社会主义现代化国家而团结奋斗——在中国共产党第二十次全国代表大会上的报告》，人民出版社2022年版，第27页。

了人民群众急难愁盼的物质生活问题。这就要求中国式现代化的经济建设不再只是一味地追求数量增长，而是要推动经济的高质量发展，从根本上促进全体人民共同富裕，解决我国发展不平衡不充分的问题。通过提高供给侧改革、协调区域发展战略、缩小城乡差距等措施，打破人民群众追求美好生活的壁垒。同时，坚持优化以按劳分配为主体、多种分配方式共存的分配制度，正确处理公平与效率的关系，提高低收入群体收入、提升中等收入群体数量，缩小贫富差距。在新冠疫情的冲击下，世界各国经济深度下滑，而中国的经济却能够持续回升、稳健增长，关键在于中国的革命、建设、改革事业始终坚持人民至上的理念，把人民的满意度作为衡量工作成效的重要标准，如此，党和国家的事业才能朝着正确方向稳步前行，创造中华民族发展史上前所未有的伟大奇迹。

  坚持以人民为中心实现政治清明。全过程人民民主为世界政治文明贡献了中国智慧。我国的社会主义民主政治是在人民群众的"土壤"中建立起来的，是最广泛、最有效、最能保障人民群众根本利益的民主政治。我们坚持走中国特色社会主义政治发展道路，全面发展全过程人民民主，社会主义民主政治制度化、规范化、程序化全面推进，社会主义协商民主广泛开展，人民当家作主更为扎实。我们大力发展社会主义民主政治，坚持走符合我国国情的特色人权发展道路，最大程度凝聚人心和力量，牢牢坚守"人民"这一根本政治立场，将党性与人民性有机结合，把为人民服务作为出发点，把人民的满意度和幸福度作为主要的衡量标准，争取广大人民群众的支持与拥护，这样才能克服党建之路上的困难和挑战，保持我们党的先进性和纯洁性。中国共产党自始至终都坚持人民至上的理念，建立了人民代表大会制度、中国共产党领导的多党合作和政治协商制度、民族区域自治制度和基层群众自治制度等一系列充分体现人民意志的制度，保证了人民群众的知情权、参与权、表达权、监督权，拓宽了人民群众合理表达自身愿望与诉求的途径，真正意义上实现了人民当家作主的愿望，彰显了马克思主义政党鲜明的人民性品格。我们要主动引导人民群众广泛参与、积极参与、有效参与到国家治理体系现代化建设中，推进国家治理体系和治理能力的现代化，汇民智、聚民心、合民力。此外，要让人民群众全面共享国家现代化治理各领域的丰硕成果，以便从中获得更多、更直接、更实在的获得感、幸福感、安全感，不断满足人民对美好生活的向往和期待。

坚持以人民为中心实现精神富足。文化是一个国家、一个民族的灵魂，是维系国家统一和民族团结的精神纽带，是衡量一个国家综合国力的重要组成部分。党的二十大报告强调，"坚持以人民为中心的创作导向，推出更多增强人民精神力量的优秀作品"[1]，这就要求我们深刻理解和把握以人民为中心的文化发展思想，繁荣发展文化事业和文化产业，提供人民群众喜闻乐见的优质文化产品，不断满足人民群众日益增长的精神文化需求，从而提升人民的获得感、幸福感和满足感，为新时代的文化发展工作提供根本遵循和发展方向。人民是推动历史前进的真正动力，是文化强国建设的核心力量。同时，人民的生产生活实践是文学创作取之不竭的灵感和素材来源，人民群众在文化建设中扮演着重要角色。文化建设成果由人民共享，能够有效激发人民群众参与文化建设的活力和热情，持续推进文化事业和文化产业的大发展大繁荣。文化事业欣欣向荣，既提高了民族和国家的文化素

---

[1] 习近平：《高举中国特色社会主义伟大旗帜　为全面建设社会主义现代化国家而团结奋斗——在中国共产党第二十次全国代表大会上的报告》，人民出版社2022年版，第45页。

养，又为文化产业的发展提供了良好的文化环境和消费群体。文化产业蓬勃发展，增加文化产品多样性的同时，也满足了不同层次人群的文化需求，增强了文化事业的活力与影响力。在全面建设社会主义现代化国家的新征程上，坚持以人民至上的理念推进文化建设，一方面要持续激发全民族文化创新的活力，传承优秀中华文化，提高国家文化软实力，促进中华文化的影响力，重塑人类的精神家园，发展人类文明新形态；另一方面，要向世界讲好中国故事，提高国际话语权，推动中国价值观念走向世界，提高中国价值观念的国际认同感。

坚持以人民为中心实现社会安定。民生是人民幸福之基，是社会和谐发展的稳定器。保障和改善民生，是推动中国式现代化的必然选择，也从侧面体现出社会主义制度的优越性。社会建设是与人民生活息息相关的重要领域，坚持以人民至上的理念推进社会安定与和谐，要全面统筹部署、真抓实干，把人民群众作为最核心、最关键的服务对象，牢记为人民谋复兴的初心与使命，真正做到决策想着人民、举措为了人民、成果惠及人民。党的十八大以来，以习近平同志为核心的党中央牢牢抓住人民最关心的教育、就业、医疗、住房、社会保障、环境保护等社会民生问题，取得了引人注目的成绩。从打赢"一个都不能少"的脱贫攻坚战，近一亿农村人口脱贫摘帽，到建成世界上规模最大的社会保障体系，再从加强"一老一小"民生保障，扩大养老托育服务普惠性供给，到推进老旧小区改造、提升基层社区治理效能，生动诠释了中国共产党的执政宗旨就是要全心全意把老百姓的事一件一件办好，让老百姓过上更加美好的生活。当前，我国社会建设成绩斐然、硕果累累，但民生保障还存在短板，社会治理依旧还有很多薄弱环节，这就要求我们坚持以人民为中心的发展思想，完善共建共治共享的社会治理体系，推动社会建设走向新高度。此外，要在秩序与活力的平衡中扎实推进社会建设。一个现代化的国家，应该生机勃勃，充满活力与良好的秩序，呈现出活力与秩序的和谐统一。健康的社会秩序是社会充满生机与活力的前提，而社会活力则促进社会秩序重塑，两者良性互动、相辅相成。实践充分证明，在和谐有序的框架下，维持稳定安全的社会秩序，才能释放源源不断的活力。同时，要统筹发展与安全，坚持以总体国家安全观为指导，维护国家政权安全、制度安全，保障社会秩序安定和谐。

坚持以人民为中心实现生态宜人。良好的生态环境是最普惠的民生福祉。习近平总书记指出："生态环境是关系党的使命宗旨的重大政治问题，也是关系民生的重大社会问题。"[①]这是贯彻以人民为中心的发展思想的具体体现。中国式现代化是追求人与自然和谐相处的现代化，摒弃了以往西方物质主义膨胀的现代化。英国工业革命推动西方发达国家提前步入工业化时代，资本家不顾自然界的承载能力，肆无忌惮地开发和利用自然界，这种竭泽而渔的开发模式造成全球范围内的资源枯竭、环境污染、气候变暖、生物多样性锐减等问题，种种生态"苦果"为中国敲响警钟。党的十八大以来，以习近平同志为核心的党中央作出了一系列决策部署，推动我国生态环境保护发生历史性、转折性、全局性变化。从签署《巴黎协定》到充分履行《联合国气候变化框架公约》的承诺，从积极推进绿色"一带一路"建设到深度参与全球生态环境治理，中国一直为建设一个清洁美丽的世界砥砺前行。中国式现代化深谙人与自然是生命共同体的道理，以人民群

[①] 《习近平在全国生态环境保护大会上强调　坚决打好污染防治攻坚战　推动生态文明建设迈上新台阶》，《人民日报》2018年5月20日。

众对良好生态环境的追求和对美好生活的向往作为重要目标，在生态治理中贯彻人民至上的理念，下决心治理环境污染，坚持生态惠民、生态利民、生态为民，在满足当代人合理生态需求的同时，也为子孙后代创造良好的生态环境。坚定不移走生态优先、绿色发展之路，遵循产业结构的低碳化转型、发展绿色循环经济、制定严格的法律制度保护生态环境、培育公众的生态环保意识，在宜人乐居、山清水秀的生态环境中，推动中国式现代化巍巍巨轮砥砺前行。

（三）现代化要促进人类社会可持续发展

研究基础理论是为了更好地指导实践，用实践成果来检验理论知识的正确性。党的二十大报告指出，"人民性是马克思主义的本质属性，党的理论是来自人民、为了人民、造福人民的理论"，要求全党"要站稳人民立场、把握人民愿望、尊重人民创造、集中人民智慧，形成为人民所喜爱、所认同、所拥有的理论，使之成为指导人民认识世界和改造世界的强大思想武器"[①]。因此，我们必须要厚植人民情怀，积极主动站在群众的角度想问题、做决策，将人民至上的理念领会好、运用好，答好新时代新征程"人民至上"考题，促进人类社会可持续发展。

促进人类社会可持续发展就必须要站稳人民立场、为人民服务。人民是我们党执政的最大底气，是我们强党兴国的根本所在，是决定党和国家未来前途命运的根本力量，要切切实实将人民至上的理念融入全面建设社会主义现代化国家和实现中华民族伟大复兴的具体实践过程中。回顾中国共产党百年历史，一路上

[①] 习近平：《高举中国特色社会主义伟大旗帜　为全面建设社会主义现代化国家而团结奋斗——在中国共产党第二十次全国代表大会上的报告》，人民出版社2022年版，第19页。

风雨兼程、披荆斩棘、筚路蓝缕，创造了举世瞩目的成就。这些成就既不是天上掉下来的，也不是别人施赠的，而是党团结和带领全国各族人民用毅力、智慧和汗水奋斗出来的。因此，我们要站稳人民立场、为人民服务，与人民同甘共苦、患难与共，与人民同呼吸、共命运、心连心。要用最真挚、最深情、最诚恳的态度来对待人民，时时刻刻将群众的安危冷暖挂在心上，坚持全心全意为人民服务的根本宗旨，坚持发展为了人民、发展依靠人民、发展成果由人民共享，让现代化建设成果更多更好更公平惠及全体人民。历史和实践雄辩地证明，只有始终把人民群众放在心中，站稳人民立场，我们党和人民的事业才能兴旺发达，人类社会才能可持续发展，不断书写人类发展史上的伟大奇迹。

促进人类社会可持续发展就必须坚持群众路线。群众路线是我们党的生命线和根本工作路线，是我们党永葆青春活力和战斗力的重要传家宝。中国共产党领导各族人民在革命、建设和改革的各个历史时期矢志不渝地坚持群众路线，群众路线是我们党取得一个又一个伟大成就的重要法宝。我们党要坚持贯彻群众路线，续写党与人民的"鱼水之情"，要真诚对待人民群众，把自己当作群众中的一员，把群众的事情当作自己的事情，主动解决群众最关心、最直接、最现实的利益问题，始终接受人民群众的批评与监督，与人民群众一起成长、携手进步。在长期的历史奋斗过程中，我们党深刻认识到人民群众的决定性作用，人民群众不仅仅是中国革命和建设的主力军，同时也是推动中国式现代化的中坚力量。我们要始终相信人民群众的磅礴伟力，紧紧依靠人民群众，最大程度调动人民群众的积极性和创造性，凝聚起万众一心的强大力量，团结带领中国人民不断开创中国式现代化新境界。

促进人类社会可持续发展就必须要充分发挥人民群众的首创精神。党的二十大报告强调："全党要坚持全心全意为人民服务的根本宗旨，树牢群众观点，贯彻群众路线，尊重人民首创精神。"①我国各项事业蒸蒸日上的根本原因在于坚持人民群众的首创精神，人民群众的智慧和创造力是无限的，能够帮助我们克服前进道路上的坎坷挫折，应对国内外的各种风险挑战。同时，尊重人民群众的首创精神集中体现了马克思主义的历史观和价值观，其核心要点在于我们要甘当人民群众的"小学生"，要俯身向群众请教、向群众学习，敏而好学、不耻下问，主动向能者求教、向智者问策，善于汲取和激发蕴藏于人民群众中的无穷智慧和力量。中国式现代化是亿万人民自己的事业，要靠亿万人民去大胆探索，要充分调动和发挥人民群众的首创精神，保持理论和实践旺盛的生命力，为推进我国治理体系和治理能力的自我革新提供更多智慧与良策，从而找到解决问题、化解问题的好方法，胸有成竹地迎接中国式现代化建设道路上潜在的风险挑战。

促进人类社会可持续发展就必须要维护好广大人民群众的根本利益。习近平总书记指出："党的一切工作，必须以最广大人民根本利益为最高标准。"②党的十八大以来，以习近平同志为核心的党中央将自觉维护人民群众的根本利益作为永恒不变的价值追求，始终坚定维护人民群众的根本利益，把实现好、维护好、发展好人民群众的根本利益作为中国式现代化建设的出发点和落脚点，并用一整套的制度体系来保障人民的权益，以此满足人民群众对美好生活的向往。新征程上，中国共产党坚持人民至上理

---

① 习近平：《高举中国特色社会主义伟大旗帜　为全面建设社会主义现代化国家而团结奋斗——在中国共产党第二十次全国代表大会上的报告》，人民出版社2022年版，第70页。

② 《习近平谈治国理政》第1卷，外文出版社2018年版，第28页。

念，坚定不移推进全面深化改革，以人民对物质文化、民主政治、公平正义、生态环保、安全稳定等各个方面的美好生活需求为依据，及时关注人民群众的现实困难，解决好人民群众的实际问题，并通过着力保障和改善民生、不断增进人民福祉来切实维护好人民群众的根本利益。

二、独立自主

党的十九届六中全会审议通过的《中共中央关于党的百年奋斗重大成就和历史经验的决议》（以下简称《决议》）对中国共产党团结和带领各族人民探索现代化道路的历程作出重要总结。《决议》指出，"独立自主是中华民族精神之魂，是我们立党立国的重要原则。走自己的路，是党百年奋斗得出的历史结论"[①]，我们要倍感珍惜、持之以恒。世上本就没有救世主，中国人要把主动权和命运牢牢掌握在自己的手中，坚持走符合中国国情和人民根本利益的特色社会主义道路，既不走殖民扩张与殖民掠夺的老路，也不走自主权丧失的弯路，而是坚定不移地走独立自主、自力更生的中国式现代化道路。这是科学统筹国内国际两个大局，适应新时代中国与世界关系历史性变化，把中国发展同世界发展更好结合起来的必然选择，为动荡变革的世界提供了中国智慧、中国方案，深刻回答了世界百年未有之大变局提出的世界之问。

[①]《中共中央关于党的百年奋斗重大成就和历史经验的决议》，《人民日报》2021年11月17日。

（一）现代化不能"复制粘贴"

历史条件的多样性和各国国情的复杂性决定了世界上没有任何一个国家、一个民族可以通过依赖外部力量、照搬外国模式、跟在他人后面亦步亦趋实现强大和振兴。一个国家走什么样的现代化道路应该由本国国情和国民自主决定。现代化道路并没有完全一致的范本，适合自己的才是最好的。中国式现代化既深刻洞察西方式现代化的发展过程和存在的问题，也系统考察本国发展实际和历史文化传统，确保党和人民的事业不断走向新胜利。中国式现代化建设取得的伟大成就为人类对更好社会制度的探索提供了中国方案，打破了"现代化=西方化"的迷思，破解了"外源现代化"的历史性难题，为解决人类面临的共同问题作出了重要贡献。

囿于既有现代化模式或削足适履，不会实现真正的现代化。首先，西方资本主义现代化是以资本主义制度为基础、以资本逻辑为导向、代表少部分人利益、"物的世界的增值同人的世界的贬值成正比"[1]的现代化。在经济上，资本对利润的终极追逐导致社会贫富分化和周期性的经济危机；在政治上，以代议制为内核的民主宪政导致激烈的党派斗争和政治动荡；在生态上，先污染后治理的路子导致全球生态尤其是发展中国家人民生存环境的恶化；在对外关系上，霸权主义导致强权政治横行、对外战争频发，给全球人民和世界发展带来了深重的灾难。其次，苏联赶超型的社会主义现代化模式，实行高度集中的政治经济体制，运用行政手段管控市场，优先发展重工业而忽视轻工业和农业发展，曾在一段时期内使苏联生产力得到迅速提高，为保卫新生社会主

---

[1]《马克思恩格斯文集》第1卷，人民出版社2009年版，第156页。

义国家的安全奠定了坚实物质基础。但后期由于犯了严重的教条主义错误，畸形的经济结构违背了现代化建设的规律，资源得不到有效配置，严重阻碍了国民经济的健康运行，社会矛盾日益尖锐，导致苏联社会主义现代化模式愈发僵化、呆板，最终崩溃。最后，第二次世界大战结束后，大多数拉美国家在探索现代化的路径上，选择照搬照抄西方国家发展模式或全盘接受西方资本主义国家为他们"量身定做"的国家发展战略。但这最终没有能使这些发展中国家摆脱贫困落后，反而使这些国家长期陷入经济危机、"中等收入陷阱"、政治纷争不止、社会矛盾丛生的混乱局面当中。可见，现代化是世界各国共同探索的开放题目，盲目崇拜和套用他国发展模式而不顾本国国情、违背时代规律、忽视人民意愿，将不可避免地出现"水土不服""昙花一现""邯郸学步，失其故行"的问题，使自身发展深陷窘境。

坚持独立自主的基本原则，才能实现具有中国特色的现代化。首先，中国共产党领导中国人民创造了以独立自主、实事求是、与时俱进为实践根基的中国式现代化新道路。"中国的事情，要靠共产党办，靠人民办。"[①]中国式现代化始终坚持独立自主的基本立场，弘扬自力更生的优良精神，中国人民从来不期待有救星降临，也不寄希望于走捷径、搭便车。在人类探索现代化的历史长河中，关于如何实现社会主义现代化这一问题，既没有先例可循，也没有现成的模式可供套用，一切按图索骥、照猫画虎、墨守成规的做法都无济于事。唯有依靠党和人民的力量，坚持把马克思主义基本原理同中国具体实际相结合、同中华优秀传统文化相结合，形成自己的特色；唯有不断深化对中国国情的认识，

[①]中共中央文献研究室、中央档案馆编：《建党以来重要文献选编（1921—1949）》第22册，中央文献出版社2011年版，第749页。

遵循现代化建设规律，因时而变、随事而制、顺势而为；唯有既不依靠外来力量，也不盲目追随他国脚步，始终将现代化建设和发展的动力源泉放在自己力量的基点上，艰苦奋斗、锐意进取。

其次，中国式现代化实现了对既有现代化模式的反思和超越。中国式现代化摒弃了西方野蛮血腥、剥削压榨的现代化老路。坚持以人民为中心的发展思想，坚持以人民为中心，走生产发展、生活富裕、生态良好的文明发展道路，不断增强人民群众获得感、幸福感、安全感，彰显了深厚的文化底蕴、坚实的理论基础、宏阔的国际视野。中国式现代化倡导的"求同存异""互利共赢"价值理念超越了西方国家现代化进程中长期奉行的"国强必霸"的丛林法则和"零和博弈"的对抗思维，走出了一条强而不霸的复兴新路。这条路不是简单延续我国历史文化的母版，不是简单套用马克思主义经典作家设想的模板，不是其他国家社会主义实践的再版，也不是国外现代化发展的翻版。

最后，中国式现代化把握了普遍性和差异性的关系。中国共产党领导的中国式现代化尊重人类文明进程中推进现代化的基本规律，学习借鉴世界各国推进现代化的经验，同时独立自主、脚踏实地，把现代化的话语权和主动权牢牢把握在中国人民自己手中，实现了共性与个性的统一。中国式现代化道路是实现中华民族伟大复兴和中国人民幸福安康的必由之路，具有鲜明的中国智慧和中国风范，是一条行之有效又可资借鉴的现代化道路，开创了人类文明新形态的美好前景，极大地丰富了世界文明百花园。

（二）"鞋子合不合脚，自己穿了才知道"

什么样的现代化最适合自己，本国人民最有发言权。一个国家的发展道路只能由这个国家的国情决定。世界各国有权利也有能力基于本国实际自主探索各具特色的现代化之路，移植照搬他国模式只能导致国无宁日。中国人民是充满智慧的，中国人民自己做出的选择、中国自身走出来的道路，其结果只有中国人民才能做出评判。毛泽东曾说过："真理只有一个，而究竟谁发现了真理，不依靠主观的夸张，而依靠客观的实践。只有千百万人民的革命实践，才是检验真理的尺度。"①鞋子合不合脚，能不能走得远、行得稳、跑得快，只有穿的人才有发言权。符合本国发展需求和人民利益的现代化模式和道路才是最好的。

中国式现代化合不合适，历史给出了答案，人民给出了评判。新民主主义革命时期，中国共产党团结带领各族人民破除了阻碍现代化发展的旧制度，为推动中国式现代化事业发展创造了必要前提。社会主义革命和建设时期，中国共产党以苏为鉴，走自己的路，坚持独立自主开展社会主义现代化建设。改革开放和社会主义现代化建设新时期，邓小平指出："各国党的国内方针、路线是对还是错，应该由本国党和本国人民去判断。最了解那个国家情况的，毕竟还是本国的同志。"②中国共产党带领中国人民自力更生，创造性地提出发展社会主义市场经济，实行对内改革、对外开放的政策，成功开辟了一条不同于西方国家殖民掠夺的全新发展道路。进入新时代，以习近平同志为核心的党中央坚持独立自主统筹推进"五位一体"总体布局和协调推进"四个全面"战略布局，采取一系列战略性举措，推进一系列变革性实践，实现一系列突破性进展，取得一系列标志性成果，在社会主义现代化强国建设道路上迈出坚实的步伐，丰富了世界现代化发展史。听言不如观事，观事不如观行。新中国成立以来，我们党

---

① 《毛泽东选集》第2卷，人民出版社1991年版，第663页。
② 《邓小平文选》第2卷，人民出版社1994年版，第318—319页。

领导人民创造了世所罕见的经济快速发展和社会长期稳定两大奇迹。全球新冠疫情以来"中国之治"与"西方之乱"的鲜明对比以及中国探索现代化的长期实践有力证明，中国式现代化之所以能走得通、行得稳，是因为中国共产党坚持独立自主、开拓创新的基本立场，深刻把握人类历史发展规律和世界发展趋势，真正做到"千磨万击还坚劲，任尔东西南北风"，始终保持走中国式现代化道路的战略定力和战略自信。中国式现代化波澜壮阔的探索历程证明，人类通往现代化的道路不是单行道，应该基于不同的文明和不同的社会制度、治国理政理念，选择适合自身的独立自主的现代化道路。

实现中国式现代化要有坚持道路自信的坚强定力和坚定立场。中国特色社会主义道路是植根中国大地、反映中国人民意愿、适应时代发展要求的科学道路。中国特色社会主义不是从天上掉下来的，是党带领勤劳勇敢的中国人民历尽千辛万苦、付出巨大代价，锲而不舍、赓续接力，用鲜血和生命、智慧和汗水、实干和拼搏换来的，凝聚着中国人民磅礴伟力的历史抉择，有着极其坚强的前行意志。这是一条来之不易的艰辛探索、苦难辉煌之路。这种独立自主的探索精神和坚持走自己的路的坚定决心，是我们党不断从挫折中觉醒、不断从胜利走向胜利的真谛。按照中国的特点、中国的实际来办中国的事情，是解决中国所有问题的正确之道。世界上没有哪一个国家和民族能够脱离本国实际，通过亦步亦趋、模仿别人的道路来实现自己的发展和振兴。新时代布满荆棘的现代化征程中，我们要在习近平新时代中国特色社会主义思想的指导下，坚持独立自主开展中国式现代化建设，坚定道路自信，不为任何风险所惧，不为任何干扰所惑，穿着适合我们自身的鞋毫不动摇、坚定不移地走下去。在新的历史起点上坚持道不变、志不改，坚持把国家和民族发展放在自己力量的基点上，坚持把中国发展进步的命运牢牢掌握在自己手中。只有坚持独立自主的现代化道路，坚定"四个自信"，我们才能够在复杂交错与激荡交融的风险、挑战、陷阱中不迷失方向，在历史前进的大逻辑中创造新的历史伟业。

（三）百花齐放新图景

和羹之美，在于合异。当今世界各国各具特色的现代化道路，植根于多姿多彩、源远流长的文明传承。中国式现代化的发展观秉持"各美其美，美人之美，美美与共，天下大同"的主张，扬弃了西方式现代化的弊端，超越了文明优越论和文明中心论，主张各国初始条件与制约因素不同，要坚持走适合本国国情的现代化道路，既要遵循现代化一般规律，更要具有本国特色，擘画人类文明形态的新图景。针对世界之问，中国式现代化坚持让和平的薪火代代相传，让发展的动力源源不断，让文明的光芒熠熠生辉，这符合各国人民的期待，也是中国共产党的担当体现。

第一，中国式现代化独立自主的原则彰显了中华民族反对狭隘民族-国家主义、维护世界各国自立自强的胸怀和格局。万物并育而不相害，道并行而不相悖。中国站在世界主义的高度理解世界，尊重人类发展道路的多样性。当前，世界正在经历百年未有之大变局，政治多极化、经济全球化、文化多样化纵深发展，反对霸权主义和强权政治的和平力量迅速崛起，全球治理体系和国际格局变革加速推进，人类社会进入大发展、大变革、大调整的关键时期。西方式现代化国家的崛起无一不是靠对外扩张、压制和奴役其他国家人民，充斥着暴力和血腥。我们党在领导人民探索现代化道路的过程中坚持独立自主的基本立场，外不掠夺、内不剥削，以强大的志气、骨气、底气在自己所选定的那条路上昂首阔步迈向未来，牢牢把握中国发展和进步的命运，为社会主义现代化建设赢得有利局面。习近平总书记强调，中国式现代化的世界意义在于"拓展了发展中国家走向现代化的途径，给世界上那些既希望加快发展又希望保持自身独立性的国家和民族提供了全新选择"①。中国式现代化世界观及其实践生动阐释了一个和平发展的世界应该承载不同形态的文明，必须兼容走向现代化的多样道路。和平发展、独立自主是突破"零和博弈"的思维定式、超越"强国必霸"历史覆辙的郑重承诺。世界各国的国情和历史文化的差异导致对现代化道路的不同价值取向和模式选择，不能强求一律，而需要各国探索、遵循、运用客观规律的创造性实践。

第二，中国式现代化长期坚持以独立自主的基本立场和基本准则处理外交关系。在对外交往过程中，中国人民尊重各国人民自主选择发展道路的权利。这个世界完全容得下各国共同成长和进步，中国共产党高举和平、发展、共赢旗帜，将中国的现代化建设事业融入世界各国合作共赢的事业之中，致力于扩大各国利益的汇合点，在全球变局中开创新局。中国共产党不断落实和全面推进"一带一路"和构建人类命运共同体等国际倡议，始终秉持交流互鉴、共商共建共享、互利共赢的发展理念，始终抱持"天下一家"的文明情怀和达观格局，始终坚持尽己之力，贡献世界。中国的现代化建设不是损人利己、以邻为壑的现代化。相反，中国式现代化积极推动平等对话与交流互鉴，践行真正的多边主义，深化拓展平等、开放、合作的全球伙伴合作关系，主张

---

① 《习近平谈治国理政》第3卷，外文出版社2020年版，第8—9页。

建设和平友好、繁荣兴旺、生机盎然的世界，把中国的机遇转化为世界的机遇，努力让现代化建设成果更多更好地惠及各国人民，为世界和平和人类美好未来贡献中国力量。

第三，中国式现代化始终胸怀天下、以大局为重。当前，面对人口贫困、发展失衡、气候变化、环境污染等诸多全球性难题，中国式现代化世界观弘扬立己达人的精神，站在人类文明进步的一边。从针对新冠疫情提出构建人类卫生健康共同体，到针对生态环境恶化呼吁构建生态命运共同体，再到针对发展赤字提出构建全球发展共同体等，以全球视野回答当今世界面临的重大问题，为处于历史转折点的人类社会现代化进程指明前进方向，为人类解决人与自然、社会、自身的矛盾提供中国智慧。既发展自身又造福世界，彰显了坚定维护世界和平、促进共同发展的世界观特征。世界的发展需要中国，中国的发展离不开世界。中国式现代化汲取古今中外人类文明有益成果，遵循人类文明演进规律，顺应世界发展进步潮流，聚焦现代文明发展重大课题，秉承实现人的自由全面发展和共同富裕的价值追求，协同推进经济、政治、精神、社会、生态文明建设，中国式道路越走越宽广，向世界展现了一派欣欣向荣的生机气象。面对世界百年未有之大变局，中国式现代化携手世界人民积极构建人类命运共同体，促进世界文明平等共存、交流互鉴，推动全球发展迈向平衡协调包容新阶段，推动我国国际影响力、感召力、塑造力显著提升。

三、守正创新

守正创新是我们党推进中国式现代化的必然选择。守正就是坚守正道、把握本质、遵循原则，创新就是要在守正的基础上探索中国式现代化发展的独特路径。中国式现代化是一个在继承中发展的历史过程，既要毫不动摇地鼓励和坚持中国式现代化的基本纲领、重要原则、本质要求，又要把创新摆在国家发展的关键地位，唯有创新才能把握时代发展的脉搏，不断塑造发展的活力与优势。要坚持守正与创新的辩证统一，在守正基础上的创新才是有意义的创新，创新为守正注入新鲜血液，两者沿着时代潮流推动中国式现代化行稳致远。

（一）守好本和源

"守正"即遵循事物发展的客观规律，始终坚持马克思主义基本原理不动摇、坚持党的全面领导不动摇、坚持中国特色社会主义不动摇。如此，我们才能守好现代化发展的本和源、根和魂，打破"现代化=西方化"的悖论，确保现代化发展不偏航，始终沿着正确方向稳健前行。

守原理之正，坚持马克思主义基本原理不动摇。从大历史观视野来看，我们仍处于马克思主义所指明的历史时代。因此，要坚持马克思主义的辩证唯物主义和历史唯物主义的世界观和方法论对各国现代化发展的理论指导作用。在人类思想的发展史上，马克思主义的诞生就像一轮冉冉升起的朝阳，为人们指明了一条探寻历史规律、追求自由与解放的光明之路。从马克思主义的传播力、影响力和号召力来看，历史上从未有任何一种思想理论能够达到如此高度，也没有任何一种学说的传播力度能够对世界产生如此之深的影响，马克思主义始终站在人类追求真理和道德的制高点上。历史和实践充分证明，马克思主义这一指导思想是我们党和国家事业兴旺发达的动力源泉，为中国式现代化指明了前进方向。守马克思主义原理之正，就是要坚持马克思主义的基本观点、立场和方法。回顾党的百年奋斗历程，在风起云涌的国内外局势中，马克思主义的科学性和真理性被反复印证，人民性和实践性被不断贯彻，开放性和时代性得到了充分展现。习近平总书记指出："马克思主义就是我们党和人民事业不断发展的参天大树之根本，就是我们党和人民不断奋进的万里长河之泉源。背离或放弃马克思主义，我们党就会失去灵魂、迷失方向。"①故此，我们要在百年未有之大变局中，在面对新事物、新挑战、新机遇时，始终坚持马克思主义基本原理，将其作为我们的行动指南、理论武器，永不偏航、永不叛道。

　　守方向之正，坚持党的全面领导不动摇。马克思指出："一个单独的提琴手是自己指挥自己，一个乐队就需要一个乐队指挥。"②中国共产党就是实现中华民族伟大复兴的总指挥家。山雄有脊，房固赖梁。忆往昔峥嵘岁月，中国共产党吹响了革命的冲锋号角，在战火纷飞的岁月里团结一心、共同抗敌，为中国的革命事业留下浓墨重彩的一笔，深刻改变了中华民族和中国人民的前途和命运。如今，中国共产党作为世界上最大的马克思主义执政党，以其博大的胸怀、非凡的气度、至高的境界，始终走在时代局势变化发展的最前列，在面对国内外各种风险和考验的进程中成为中国人民最坚强的领导核心和风雨来袭时的顶梁柱。因此，党和国家的事业若想持续取得成功，就必须坚持党的全面领导，不断深化对社会主义建设规律和人类社会发展规律的认识，确保中国式现代化沿着正确方向前行。历史雄辩地证明，守正创新的根本在于坚持党的全面领导，这是中国过去取得伟大成就的

---

① 《习近平谈治国理政》第2卷，外文出版社2017年版，第66页。
② 《马克思恩格斯文集》第5卷，人民出版社2009年版，第384页。

关键锁钥，未来也必将证明，坚持党的全面领导，是擘画中国发展新蓝图的根本保证。

守道路之正，坚持中国特色社会主义不动摇。树高千尺总有根，水流万里总有源。纵观历史发展，形势变化越是严峻、风险挑战越是升级，我们党就越需要在理论和实践上坚守正确道路。中国特色社会主义是以科学社会主义的基本原则为基础并结合中国实际而形成的具体产物，彰显了科学社会主义理论体系的科学性和鲜明的中国特色。中国特色社会主义道路是党团结和领导中国人民历经千难万险、饱经磨难困苦，不懈奋斗百余年所创造和积累的伟大成果，这条道路既符合人民的愿望意志，又反映时代发展的根本要求，是当代中国迎头赶上、引领时代发展的康庄大道，是实现中国式现代化的唯一正确道路。新征程上，我们一定要坚持中国特色社会主义道路，坚持党的基本理论、基本路线、基本方略，坚持自信自强、守正创新，在自己选择的正确道路上昂首阔步走下去，以中国式现代化全面推进中华民族伟大复兴。我们要发扬与时俱进、锐意进取的精神，不断拓展对中国特色社会主义道路认识的广度与深度，使之不断引领中国走向未来，从胜利迈向新胜利！

（二）注入新动能

中国式现代化是一项开创性和探索性的事业，还有许多未知的领域，这就要求我们在实践中大胆探索，以改革创新来推动党和国家各项事业的发展进步。因此，要把创新摆在国家发展全局的突出位置，着力解决推动中国式现代化过程中的理论问题和实践问题，大力推进理论创新、实践创新、制度创新、文化创新等多方面创新，积极识变应变求变，在改革创新中培育新的发展动力和新的发展优势,充分激发全社会的创造活力。

推动理论创新,保持中国理论的生命力。思想的力量,总是能够穿越时空、历久弥新。我们党之所以能够历经考验磨难无往而不胜,关键就在于不断进行实践创新和理论创新。正确的思想指引是一个民族走在时代发展最前列的重要条件,与时俱进地进行理论创新才能焕发出思想的生命力。马克思主义从创立至今,虽然经历了一个多世纪的风云变幻,但它从来没有被淘汰,依然保持着旺盛的生命力,关键就在于其不断革新的理论品格。中国共产党是善于和乐于理论创新的政党,坚守马克思主义的信仰始终没有动摇。同时,我们党也深刻认识到马克思主义不是僵化、教条的思想,而是指导实践发展的行动指南,必须同中国的具体实践相结合、同中华民族优秀的传统文化相结合,中国化才能落地生根、开花结果,本土化才能深入人心、永葆活力,进而解决中国式现代化建设中的实际问题。思想的光芒,可以点亮一个民族走向振兴强大的新征程。一百年来,我们党坚持固本培元和守正创新相统一,不断开辟马克思主义新境界,形成与时俱进的理论创新成果,为推动中国式现代化提供了坚强的理论后盾。

推动实践创新,开辟中国实践的新境界。"全部社会生活在本质上是实践的。"[①]实践创新推动理论创新的发展,理论创新反过来又指导和推进实践创新,两者相互促进、相辅相成,若只注重理论创新而忽视实践创新,则只能做到"解释世界",而无法"改变世界",这违背了实践唯物主义的基本精神。中国共产党领导中国人民进行的伟大实践在继往开来、推陈出新中不断发展进步,这也是马克思主义不断焕发生命力与活力的根本原因。唯有推动实践创新,我们才能及时应对和化解各种难题与挑战,更好

[①]《马克思恩格斯文集》第1卷,人民出版社2009年版,第501页。

地推动中国式现代化建设，满足人民群众对美好生活的向往。此外，只有在实践创新中将历史、现实与未来相结合，主动把握历史趋势，化历史被动为历史主动，才能推进党和国家的事业迈向新台阶。中国共产党的百年奋斗史，是一部党领导中国人民进行波澜壮阔伟大实践的奋斗史，从脱贫攻坚到全面建成小康社会，从构建新发展格局到实现高质量发展，都是党领导人民进行伟大创新实践的集中体现，开辟了中国式现代化道路和人类文明发展的新形态。

推动制度创新，实现中国制度的新完善。我们党自成立之日起，就把为中国人民谋幸福、为中华民族谋复兴作为自己的初心与使命，团结和带领各族人民为建设社会主义现代化国家而不懈奋斗。令我们倍感自豪、安全感十足的中国特色社会主义制度就是我们党和人民在长期实践探索中形成的伟大成果，是有效管用、深得人民支持与拥护的科学制度体系，因此，要在守正创新中坚持和完善中国特色社会主义制度，为不断满足人民群众对美好生活的新期待和克服现代化进程中的各种风险挑战奠定基础。进入历史新时期，由于社会主义社会是一个不断发展、变化、变革的社会，因而中国特色社会主义制度也需要不断创新发展，要着眼于时代变化、形势变化、任务变化，在解决实际问题中推动重大制度改革创新。我们要在党中央的统一领导部署下，扎实推进制度创新，坚决破除妨碍体制机制发展的壁垒，加速形成一套系统完善、科学规范、高效运行的制度，推进中国制度更加成熟、完善。

推动文化创新，促进中国文化的新发展。文化自信是更基础、更广泛、更深厚的自信，是一个国家、一个民族发展中最基本、最深沉、最持久的力量。文化的生命力就在于创新，文化创新是一个民族永葆生命力和凝聚力的重要基础。中华文化之所以源远流长、博大精深，其原因就在于坚持守正创新、锐意进取，为推进中国特色社会主义伟大事业提供了强大精神动力，也为人类文明发展贡献了中国力量、中国智慧、中国精神。当代中国的文化创新要立足于人民群众的生活实践，以问题为导向，以满足人民群众的美好生活需要为目的，以促进人的全面发展和自由解放为价值指向。要想推动中国实践更快更好发展，就必须要持续推动文化创新，只有这样才能为人们认识世界、改造世界提供积极有益的指导，为社会道德建设提供向善引导，为实现中华民族伟大复兴提供强大的精神力量和不竭的动力源泉。一方面，我们要推动文化随着社会的变化发展而与时俱进；另一方面，要通过与其他优秀文化的交流互鉴而创新发展。我们必须坚定不移地走出一条有中国特色的社会主义文化发展之路，以人民为中心、创新为动力，大力推进文化事业与产业的繁荣发展，为国家振兴提供强大的精神后盾。

（三）共推全球治理体系改革和建设

中国式现代化是实现国家富强、民族振兴的康庄大道。推进中国式现代化这项前无古人的探索性事业，必须坚持守正创新的基本立场，守正即为在不变质、不叛道、不偏航的前提下锐意进取，创新是在寻突破、开新潮、立新局的过程中接续奋斗，从而保证党领导国家的现代化事业更具有原则性、指向性、预见性，不断开辟中国式现代化发展的新境界，进而与世界各国携手推进全球治理体系改革和建设。

中国始终是世界和平的建设者和推动者，致力于推动全球治理体系朝着更公平、更合理、更完善的方向发展。党的十八大以来,我们党坚持以习近平新时代中国特色社会主义思想为指导,团结和带领中国人民为实现中华民族伟大复兴不懈奋斗、积极进取,在坚持守正创新基本立场的前提下,不断深化对中国式现代化内涵和本质的认识,初步构建起中国式现代化理论体系。在推进中国式现代化的进程中,以习近平同志为核心的党中央恪守正道,坚守中国式现代化发展的本和源、根和魂,坚持党的基本理论、基本路线、基本方略,确保中国式现代化沿着正确方向前行。当今世界,百年未有之大变局加速演变,保护主义、单边主义、霸权主义抬头。习近平总书记多次发表重要讲话,提出一系列具有非凡意义的外交新理念,为破解时代难题贡献智慧,为全球治理指明方向,推动了党和国家的事业取得历史性新成就、发生历史性新变革,为其他国家的现代化建设提供了更多更好的中国智慧、中国力量、中国方案,科学回答了中国之问、世界之问、人民之问、时代之问。

中国倡导构建人类命运共同体,反对人为分裂世界。中国愿同世界各国人民一道,高举和平、发展、合作、共赢的旗帜,倡导团结一心、通力合作,共建持久和平、普遍安全、共同繁荣、开放包容、清洁美丽的世界。中国在世界范围内高扬构建人类命运共同体的大旗,引领时代发展趋势,指引人类前进的方向;弘扬全人类共同价值,反对搞意识形态划线;立足全体人类的根本利益,坚持和平与发展的理想目标,尊重各国自主选择发展道路的权利,反对打着民主、人权的旗号干预他国内政,阻碍他国发展;坚持真正的多边主义,反对针对第三方搞"小圈子";坚定地维护联合国的权威和地位,呼吁联合国伸张正义、严格执法、促进合作,反对打着多边主义的幌子,行单边主义之实的霸权行为;推行共商共建共享的全球治理观,反对唯我独尊、霸凌霸道；积极参与全球治理体系的改革与建设，主张国际大事各国作主，反对一国霸道行事，推动全球秩序朝着更加公平合理的方向发展；提出全球发展倡议，缩小发展鸿沟；呼吁各国坚持人民至上的理念，推动减贫、环境保护、基础设施等领域的合作与发展，使得各国能够充分享受现代化建设的有益成果，着力解决发展失衡的现象。

当前，世界、时代和历史都在发生着空前的变化，世界百年未有之大变局加速演进。在以中国式现代化推进中华民族伟大复兴的新征程上，我们会面临新的机遇和挑战，只要坚持守正创新的基本立场，把中国发展进步的命运牢牢掌握在自己手中，就一定能够夺取全面建设社会主义现代化国家新胜利，把我国建设成为富强、民主、文明、和谐、美丽的社会主义现代化强国。同时，我国积极推进全球治理体系改革和建设，充分展现了中国负责任的大国担当。

四、立己达人

当今世界正处在经历大发展、大变革、大调整的时期，人类在探索现代化进程中面临多重危机与挑战，历程充满艰辛，过程曲折起伏。世界经济复苏艰难，发展鸿沟不断拉大，生态环境持续恶化，冷战思维阴魂不散等，一系列重大问题使得世界局势更加波谲云诡。面对一系列现代化之问，中国式现代化认为人类命运与共，应该共享机遇、共应挑战、共创未来。中国在探索现代化的过程中始终弘扬立己达人的精神，始终厚植兼济天下的情怀，始终将本国命运与世界命运、本国利益与世界利益、本国发展与世界发展紧密联系在一起,在努力实现自身发展的同时,不断以中国式现代化的新发展成就,为世界发展提供新机遇、新助力,增强现代化成果的普惠性,致力于推动人类现代化的巍巍巨轮行稳致远,推动构建人类命运共同体,这正是"立己达人"古老智慧在当下的延续与发展。

(一)人类是一个一荣俱荣、一损俱损的命运共同体

人类是一个一荣俱荣、一损俱损的命运共同体。吹灭别人的灯,并不会让自己更加光明;阻挡别人的路,也不会让自己行得更远。任何国家走向现代化都要弘扬立己达人精神,以此彰显维护世界和平、推动全球发展、深化文明互鉴、稳定国际秩序、破解全球赤字的天下情怀。

坚持立己达人,彰显始终不渝维护世界和平的天下情怀。中国人民爱好和平、渴望和平、追求和平,坚定不移走和平发展道路,贯彻和平外交政策,为人类命运共同体建设注入和平动力。中国庄严承诺永不称霸、永不扩张,始终做世界和平的建设者。为维护世界和平,一批批中国"蓝盔"英勇出征,累计派出5万余人次参加联合国维和行动,已成为维护全球和平稳定的坚定力量。中国倡导以和平的方式方法解决国际分歧争端,为维护国际和地区和平稳定发挥建设性作用、提供建设性方案。此外,中国还致力于持续夯实世界和平发展之基。当今世界存在的局部冲突与战争、各种严峻的安全挑战都与发展赤字息息相关,因此中国将自身发展同世界发展结合统一起来,积极开展减贫、卫生、教育等领域的国际发展合作,减少威胁世界和平稳定的因素,筑牢更坚实的和平发展根基。

坚持立己达人,彰显孜孜不倦推动全球发展的天下情怀。发

展是人类社会的永恒性主题，亦是解决一切问题的总钥匙。中国在致力于本国发展的同时，不断以自身发展为全球发展提供新机遇、新助力，为世界各国迈向共同繁荣作出积极贡献。中国大力推动建设高水平开放型世界经济，建立健全开放型经济新体制，坚持互利共赢的开放战略，推动经济全球化朝着更加开放、普惠、包容、平衡、共赢的方向发展。中国提出并高质量践行"一带一路"倡议，推动"一带一路"在政策沟通、资金融通、贸易畅通、设施联通、民心相通等方面收获重要阶段性成果，"一带一路"正在成为沿线各国的合作之路、复苏之路、健康之路、幸福之路、增长之路、共赢之路。中国提出全球发展倡议，积极主动为全球发展事业提供优质公共产品，为促进各国团结协作、共谋发展搭建重要平台，亦为高水平落实联合国2030年可持续发展议程、加速推动全球发展走向平衡协调包容新阶段注入重要动力。

坚持立己达人，彰显持之以恒深化文明互鉴的天下情怀。习近平总书记指出："文明因交流而多彩，文明因互鉴而丰富。"[1]中国为推动世界各国开展平等交流、真诚对话、互学互鉴提供新理念新平台，亦为构建人类命运共同体汇聚起磅礴合力。中国倡导平等、对话、互鉴、包容的文明观，积极弘扬全人类共同价值，并在2023年进一步提出全球文明倡议，倡导要重视不同文明的传承和创新，继续加强国际人文交流合作，为文明交流互鉴增添新的理论内涵。中国倡导尊重世界文明多样性，主动发起亚洲文明对话大会，成功举办中国共产党与世界政党高层对话会、中国共产党与世界政党领导人峰会。中国大力推动同伙伴国家开展人文交流合作，促成旅游年、文化年、艺术节等人文合作项

---

[1] 习近平：《论坚持推动构建人类命运共同体》，人民出版社2018年版，第109页。

目，在卫生、科技、教育、体育等领域取得显著交流成果，有力地消除了国家之间的隔阂和误解，促进了各国人民民心相知相通。

坚持立己达人，彰显坚定不移稳定国际秩序的天下情怀。近年来，单边主义、霸权主义、保护主义不时抬头，西方逆全球化思潮暗流汹涌，世界再次面临"失衡失序"的风险。在国际秩序中是前进还是后退，是开放还是封闭，一系列现代化之问摆在各国面前，人类面临新的重大抉择。西方现代化遵循资本逻辑，强调排他性扩张，在国际关系和国际秩序中就表现为西方社会奉行的"中心论"和"例外论"，其所称的基于规则的国际秩序，只不过是由少数西方国家主导和制定的国际规则和国际秩序。这种国际规则违背历史潮流，只会诱发冲突对抗，造成国际社会分裂。面对各种对抗和不公，中国摒弃"强权即公理"的霸道逻辑，倡导推动国际关系民主化；面对不同国家的不同诉求、不同利益，中国提出和而不同、求同存异的主张；面对保持冷战思维和"零和博弈"思维的国家，中国倡导走出一条对话不对抗、结伴不结盟的新路，始终做国际秩序的维护者。

坚持立己达人，彰显一如既往破解全球赤字的天下情怀。世界正面临和平赤字、发展赤字、治理赤字、信任赤字等全球性挑战，不稳定性不确定性愈发凸显。为有效破解全球赤字，中国主张同舟共济、互商互谅、互利共赢、公正合理的理念。为破解和平赤字，积极参与海外维和行动与国际反恐合作，推动解决全球热点问题；为破解互信赤字，倡导文明平等对话、交流互鉴，推动开展亚洲文明对话、金砖峰会，培育互信土壤；为破解发展赤字，提出全球发展倡议，成立全球发展促进中心，举办全球发展高层对话会；为破解治理赤字，倡导全球治理秉持共商共建共享的原则，推进应对气候变化国际合作。新征程上，中国在逐渐走近世界舞台中央的同时，始终坚守以天下为己任的信念，为系统破解全球各种赤字、推动构建人类命运共同体作出不懈努力。

（二）共同做大人类社会现代化的"蛋糕"

中国式现代化是弘扬立己达人精神，坚持走和平发展道路的现代化。中国坚定不移地推进世界经济的开放型建设，坚持共享机遇、共创未来，共同做大人类社会现代化的"蛋糕"。

坚持立己达人，为世界经济复苏注入强劲动能。中国14亿多人口迈向现代化，其规模将超过既有发达国家人口总和，势必为世界经济提供更强大的动力。改革开放以来，中国取得了8亿多人成功摆脱贫困、4亿多人整体迈入中等收入群体的彪炳史册的历史性成就。新征程上的中国是140多个国家和地区的主要贸易伙伴，越来越多的外资企业落户中国，中国对全球经济增长的带动作用愈发凸显，中国推动高水平对外开放、加速构建新发展格局、实现高质量发展等一系列举措将会为世界发展带来更多新机遇，创造出更大的开放红利。中国经济潜力大、韧性强、活力足，助推世界经济共同发展繁荣能力够、推力足、动力强。

坚持立己达人，为各国共同发展开辟广阔道路。贫富悬殊、两极分化、差距拉大不是现代化，服务少数人、少数国家也不是现代化。世界各国人民实现共同富裕离不开世界各国的共同发展。我国提出并携手各国共建"一带一路"，推动3000多个国际合作项目在沿线国家落地生根，主动同各方分享交流发展领域的中国技术、中国方案、中国智慧，为沿线国家提供就业机会、创造了42万个就业岗位，助力一大批国家实现"脱贫梦""铁路梦""技术梦""大桥梦"。全球发展倡议和共建"一带一路"成为中国贡献给世界的优质国际公共产品，也成为世界各国实现共同发展、共同富裕的国际合作平台。中国式现代化成功点燃世界各国实现现代化的信心，激励着发展中国家探索实现具有本国特色的现代化。

坚持立己达人，为人类社会进步开创美好前景。有些国家虽国力强盛，经济科技高度发达，但是深陷物质主义泛滥、资本逻辑至上、精神世界萎靡、失德失序的困顿之谷。现代化的最终目标在于实现人的自由全面发展，其要义在于不仅要在物质上达到富足，更要在精神上达到富有，从而实现两者的全面协调。中华文明历来注重物质生活与精神生活协调统一，展现中华民族追求天下大同的崇高精神境界。中国式现代化重视文明传承与创新，不断赋予传统文化以崭新的时代内涵与现代表达形式，使博大精深、源远流长的中华文明重新焕发出新的生机与活力，让一切文明的精华充分造福人类，为世界持久和平繁荣与人类社会持续进步贡献更多中国智慧。

坚持立己达人，为全球生态治理提供可行方案。"天人合一"是中国延续千年的生态文化精髓。中国自古以来形成的人与自然和谐相处的生态文化，蕴含着丰富而独特的生态智慧，在生活和实践中倡导取之以时、用之有度。中国式现代化传承生态文明智慧，辩证看待自然与社会的关系，向世界阐释"两山理念"，将良好的生态环境与增进人类福祉有机结合起来，成功创造出生态奇迹和绿色发展奇迹。中国系统推进生态环境保护与治理，开展国土绿化行动，人工造林规模居全球第一，可再生能源开发利用规模居全球第一；推动实施"中国山水工程"，系统谋划协同治理，在加强河湖保护治理，推进水土流失综合防治上为世界提供中国经验、中国方案；呼吁合作应对气候变化，为达成《巴黎协定》发挥关键作用，并率先作出碳达峰、碳中和的庄严承诺；中国推动绿色低碳发展，将绿色打造成全球高质量发展的亮丽底色，为加速全球低碳转型再添新动力，为人类现代化事业作出更大绿色贡献。

（三）"己所不欲，勿施于人"：反对霸权主义和冷战思维

中国坚持共享机遇、共创未来的态度，反对霸权主义和冷战思维，要科学把握世界大势和国情的现实需要、秉持胸怀天下的伟大格局、坚持维护国际公平正义，以立己达人的精神推动中国式现代化稳步前行。

坚持科学把握世界大势和国情的现实需要，妥善处理中国与世界各国的关系。从世情上看，当今世界多极化深入发展，经济全球化不可逆转，文化多样化持续推进，社会信息化方兴未艾，全球不稳定性更加突出。面对错综复杂的国际形势和一系列现代化之问，必须科学研判世界发展大势和潮流，从世界历史发展的高度来审视当今世界面临的新机遇和重大问题。从国情上看，当前，我国已成功实现第一个百年奋斗目标，中国共产党正凝聚全国人民之合力朝着全面建设社会主义现代化强国的奋斗目标而奋力前进。在这个关键时刻，我们党和人民必须胸怀"两个大局"，敏锐洞察和科学把握国际国内两个方面的局势，率先掌握历史主动，妥善处理我国同世界各国的关系，善于转危为机，于变局中开新局。纵观历史发展，在变革动荡的世界中，和平发展、合作共赢的主线没有变。只有毫不动摇地坚持立己达人、胸怀天下，紧扣民族复兴、强国建设、全球发展、人类进步的主线，呼吁世界各国摒弃分裂对抗，反对霸权主义，凝聚各国人民合力，风雨同舟、和衷共济，推动构建人类命运共同体，才能在世界大变局

之中谋划民族伟大复兴全局，在世界发展的澎湃浪潮中驾驶中国式现代化巨轮行稳致远。

坚持胸怀天下的伟大格局，助推世界各国现代化发展，打破冷战思维。回望党的百年光荣历史，中国共产党人立己达人的高尚情怀贯穿于各个历史时期，我们党始终以系统和整体的视野审视中华民族的伟大复兴事业同全世界的共产主义事业，淬炼出坚持胸怀天下的重要历史经验。新民主主义革命时期，我们夺取抗日战争的胜利，不但挽救中国于危难之中，而且在世界反法西斯战争中作出不可磨灭的历史性贡献。毛泽东在新中国成立不久便指出："所谓天下大事，就是解放、独立、民主、和平友好、人类进步。"[①]这一精辟论述既包含为中国谋独立、为中华民族求解放的愿景，也体现了对推动世界和平发展、促进全人类进步的深邃思考。社会主义革命和建设时期，中国提出并恪守和平共处五项原则，确立并奉行独立自主的和平外交政策，维护世界和平与正义，展现立己达人的大国担当。改革开放以来，中国进一步深化了同其他国家的经济合作，建立了互利共赢的伙伴关系。进入新时代以来，习近平总书记反复强调要构建人类命运共同体，必须坚决反对一切形式的霸权主义和强权政治，打破冷战及零和博弈的固有思维，各国间加强团结，践行相互尊重、合作共赢的国际关系理念，展现了中国共产党对人类的时代关怀与宽广的天下胸怀。

坚持维护国际公平正义，促进世界和平稳定。中华文明孕育了心系天下、造福人民的优秀传统文化，其所蕴含的"天下一家"的价值理念早已深深融入中华民族的精神血脉之中，内化为立己达人、兼济天下的价值自觉，外化为天下大同、命运与共的

[①]《毛泽东文集》第6卷，人民出版社1999年版，第484页。

实践行动。"大道之行，天下为公"、"修身齐家治国平天下"、"穷则独善其身，达则兼济天下"等经典名句，蕴含着中华民族崇高的家国天下情怀、高尚的品德情操以及强烈的责任感。百年来，中国共产党带领中国人民实现了世间罕见的两大发展奇迹，跃升为世界第二大经济体，无论是综合国力还是科技、国防、文化、国际地位等各方面的实力都获得显著提升。中国共产党是大同文化、和合文化的忠实继承者和坚定弘扬者，不仅致力于增进中国人民的福祉，而且致力于打造美美与共的人类命运共同体，始终胸怀天下、立己达人，致力于为人类和平与发展贡献力量与智慧。中国式现代化既不走殖民扩张的老路，也不走国强必霸的歪路，走的是持久和平、共同繁荣的新路。中国致力于维护国际公平正义，弘扬人类命运共同体的价值理念，推动构建新型国际关系，倡导积极主动参与全球治理体系的改革与建设，为维护世界和平与发展作出突出贡献，极大地提高了我国的国际影响力和号召力，深刻践行了中国人民与世界各国人民命运与共的理念，在实践中促进各国共同发展繁荣、携手推动人类文明进步。

五、奋发有为

政党是世界各国现代化进程的主要引领者和推动者，对人类实现现代化的探索与实践发挥着重要作用。功崇惟志，业广惟勤。面对一系列现代化之问和前所未有的时代之变、历史之变、世界之变，政党唯有保持锐意进取、逆水行舟的奋斗姿态，持有逢山开路、遇河架桥的进取精神，勇担时代责任，作出科学应答，方能确保现代化领导的坚定性；只有发扬历史主动精神，不断超越自我，自觉将自身建设同国家现代化建设密切结合起来，聚焦增进人民福祉，积极回应人民期盼，凝聚各方磅礴合力，才能引领和推动现代化的巍巍巨轮朝着正确方向前进。大变局带来大挑战，也带来大机遇，面对世界的狂风暴雨，中国共产党带领中国人民发扬筚路蓝缕、以启山林的精神，保持空谈误国、实干兴邦的警醒，始终坚定不移地践行着中国方案，始终以乘风破浪的态度勇毅前行。

（一）现代化要通过发扬历史主动精神干出来

奋斗是一种姿态、是一种精神，决不是简单又空洞的口号，需要我们党保持昂扬向上、不屈不挠的奋斗姿态，用积极的态度去面对各种风险挑战，克服各种前行困境。我们通过团结奋斗创造了辉煌历史，我们更加接近中华民族伟大复兴的宏伟目标，也更有能力和信心推动实现民族复兴。人生天地间，长路有险夷。实现民族复兴不是一蹴而就的，必然会面临不少风险挑战。面对世情国情党情的深刻变化，我们要实现中华民族伟大复兴就必须以更加强烈的历史自觉和历史主动精神团结奋斗。从世情来看，百年未有之大变局加速演进，世界经济复苏乏力，单边主义、保护主义不时抬头，局部战争和冲突频发，世界迈进新的动荡变革期。为应对外部遏制打压，缩小与世界先进水平的差距，必须秉持奋斗姿态，艰苦奋斗，敢于斗争，善于斗争。从国情来看，通过长期的探索与实践，我国发展具有更为完善的制度保证、更为坚实的物质基础，但我国仍处于不发达的社会主义初级阶段，仍然是世界上的发展中国家。我国社会主要矛盾已经转化为人民日益增长的美好生活需要和不平衡不充分的发展之间的矛盾，在改革发展稳定方面存在不少深层次问题。从党情来看，我们党面临着大党独有的管理之难、保持先进性和纯洁性之难、四大考验和四大危险等多重考验，需要保持解决难题的清醒和稳定，党的自我革命永远在路上。善战者，立于不败之地，而不失敌之败也。在新征程上，各族人民心往一块想、劲往一块使，始终坚持奋斗姿态，牢牢把握历史主动，承续历史担当的鲜亮底色，凝聚磅礴力量，扎实推动社会走向良政善治。

坚持奋斗方能成功推进和拓展中国式现代化。人间万事出艰辛。现代化不是天上掉下来的，也不是别人恩赐的，更不是随随便便、敲锣打鼓就可以实现的。探索推进中国式现代化，这是一项前无古人并且毫无相关可借鉴经验的开创性事业，因而实现现代化是一个长期而艰难的过程，需要举全国之力并为之不懈奋斗。中国式现代化是致力于造福全体中国人民的事业，同时也是需要凝聚全体中国人民的磅礴合力，为实现中国式现代化而赓续团结奋斗的事业。中国式现代化是通过中国人民的共同努力而创造出来的具有世界意义的现代化新路径。我们党带领人民在长期探索和实践中，最终取得了中国式现代化的一系列巨大成就。但同时要清醒看到，中国式现代化建设面临着来自国内和国际的双重挑战，我们要掌握历史主动，进一步推进和拓展中国式现代化，并为之艰苦奋斗。推进中国式现代化是一个系统工程，这就要求全国人民锚定奋斗目标，同向同行、同心同德，统一思想和行动，齐众心、汇众力、聚众智，促进经济社会高质量发展，群策群力推动各项任务落到实处。

坚持奋斗方能解决前进道路上的问题和挑战。当今世界纷繁复杂，国内外环境的深刻变化，大大增加了我国发展的不确定和难预料因素。面对经济、政治、生态等领域层出不穷的风险挑战考验，唯有全体人民坚持奋斗姿态，广泛汇聚起全国人民的智慧和力量，才能有效清除前进道路上的各种风险、挑战与矛盾，夯实防范抵御化解风险挑战的铁壁铜墙，才能经受住风高浪急乃至惊涛骇浪的严峻考验，维护国家发展和稳定，持续开创党和国家事业发展新局面、新天地、新格局。面对国内发展普遍存在的各领域现实问题，需要凝聚全党全国人民思想共识，汇聚全体人民强大力量，推动全体人民团结奋斗。面对国内市场体系不健全、市场垄断和低层次无序竞争等经济问题，需要坚持团结奋斗以推动非公有制经济健康顺利发展，从而更好地维护社会主义市场经济健康发展。因市场经济发展而不断产生的新社会阶层和群体，尤其是新媒体时代在各种社交软件平台拥有千百万粉丝的网络人士，将在意识形态领域产生愈来愈大、愈来愈广泛的影响。网络意识形态安全事关国家安全，牢牢把握网络意识形态工作主导权主动权，需要我们站在"过关""赶考"的政治高度，广泛汇聚起亿万网民团结奋进的磅礴力量，不断激发出前所未有的历史主动精神，化解矛盾风险，解决问题挑战。

（二）绘就波澜壮阔的现代化奋斗画卷

不懈奋斗是中国共产党人的鲜明品格。犯其至难而图其至远。马克思主义政党是为解放全人类、实现共产主义而奋斗的无产阶级政党，因而中国共产党自诞生以来就是秉持团结奋斗姿态的先进政治力量。中国共产党拥有先进的性质宗旨，坚持为中国人民谋幸福、为中华民族谋复兴的永恒初心使命和全心全意为人民服务的宗旨，既代表中国最广大人民的根本利益，同人民休戚与共、荣辱与共，又兼顾人民幸福与人类解放，并且没有掺杂任何私利，将人民群众对美好生活的共同向往作为现阶段自身奋斗目标，得到人民群众的拥护与爱戴，从而为党的团结奋斗赋予强劲的精神动力和十足的底气。面对"世界怎么了""人类向何处去"等一系列"世界之问",以习近平同志为核心的党中央因势而谋、应势而动、顺势而为,立足大局、统筹全局、引领变局、开创新局,努力在变中求进、变中突破、变中取胜,在科学回答世界之问中引领世界大变局朝着有利于中华民族伟大复兴、有利于世界和平与进步的方向发展。

绘就波澜壮阔的现代化奋斗画卷要筑牢共同思想基础。马克思主义是中国共产党立党立国、兴党兴国的根本指导思想。习近平新时代中国特色社会主义思想是当代中国马克思主义、二十一世纪马克思主义,是中华文化和中国精神的时代精华,兼具真理力量、实践力量、人格力量,为党的团结奋斗指明正确方向,确保奋斗不偏航不迷航。在团结奋斗实现中国式现代化的征程中,要始终毫不动摇坚持党的领导,践行习近平新时代中国特色社会主义思想的科学世界观和方法论,坚持好、运用好贯穿其中的立场观点方法,做到学思用贯通、知信行统一。在团结奋斗中坚持人民至上、自信自立、守正创新、问题导向、系统观念、胸怀天下,增强"四个意识",坚定"四个自信"、做到"两个维护"。要深入学习贯彻习近平总书记关于做好新时代党的统一战线工作的重要思想,深刻领悟"两个确立"的决定性意义,切实用以武装头脑、指导实践、推动工作,以最牢固的团结和最有力的奋斗在全面建设社会主义现代化国家新征程上再立新功。面对高质量发展的艰巨任务,有涉滩之险,有爬坡之艰,有闯关之难,需要不惧"回头浪"、勇开"顶风船"的奋斗精神,更需要有思想上的"定盘星"、行动上的"指南针",为全面建设社会主义现代化国家贡献力量。

绘就波澜壮阔的现代化奋斗画卷要坚持党的全面领导和依靠

人民群众的奋斗。真抓才能攻坚克难，实干才能梦想成真。奋斗贯穿于中国共产党的百年发展历程之中。新民主主义革命时期，中国共产党充分发动群众浴血奋战，与人民风雨同舟、团结奋斗，共同绘就民族独立、人民解放的壮丽画卷，为中国式现代化创造了根本社会条件。社会主义革命和建设时期，党和人民携手并肩、发愤图强，确立社会主义基本制度，建立起独立的比较完整的工业体系和国民经济体系，为现代化建设奠定根本政治前提和宝贵经验、制度基础。在改革开放和社会主义现代化建设新时期，党充分激发人民的创造伟力，与人民锐意进取、攻坚克难，深化发展同人民群众的血肉联系，共同开创社会主义现代化建设新局面，为中国式现代化提供充满新的活力的体制保证和快速发展的物质条件。百余年来，中国共产党在艰苦奋斗中经受考验，锤炼出鲜明的政治品格，淬炼出敢于斗争、勇于胜利的精神品质；中国共产党拥有先进而严密的组织基础和铁的纪律，凝聚起工人阶级的先锋队和各个领域、各个行业的先进分子的奋斗合力，为党的团结奋斗提供坚强保证；中国共产党拥有先进的党员先锋模范，他们忠诚于党和人民，为党和人民的事业而奋斗，赓续不断的奋斗精神，将永葆纯洁性和先进性纵贯于党的伟大奋斗的全部实践之中。各民主党派始终坚持心怀"国之大者"，积极围绕国家发展重大问题建言献策，高效履行参政党的政治使命，始终同中国共产党站在一起、想在一起、干在一起。进入新时代，我们面临的世情、国情、民情、党情等发生深刻变化，矛盾风险挑战之大、改革发展稳定任务之重前所未有，更多新的历史性课题亟待解决，党和人民砥砺奋进、守正创新，团结一切能够团结的力量，汇聚一切昂扬奋进的洪流，战胜了一个又一个难以想象的困难挑战，攻克了一个又一个看似不可攻克的难关险阻，取得了一个又一个令人刮目相看的胜利，创造了一个又一个彪炳史册的人间奇迹，成功推进和拓展了中国式现代化。积力之所举，则无不胜也；众智之所为，则无不成也。事实雄辩地证明，新时代十年的历史性成就和伟大变革，是中国共产党带领中国人民以永不懈怠的精神状态干出来、拼出来、奋斗出来的。团结奋斗是我们党带领人民脚踏实地、全面统筹取得辉煌成就的成功密码和关键所在，凸显出中华民族生生不息的奋斗精神，彰显出中华民族不懈奋斗的基因底色。

绘就波澜壮阔的现代化奋斗画卷要传承奋斗精神的伟力。奋斗精神在延续千年的中华文明和中华文化中得以充分体现，是中华民族独特的历史禀赋和精神品格。"天行健，君子以自强不息"充分体现了中华民族深沉的精神追求和坚毅的个性品质。如同天的刚强劲健一般，人也应该是刚毅坚卓、锐意进取的。"志之所趋，无远勿届。志之所向，无坚不入"则体现了精神意志能够转化为改变世界的物质力量，如果志向坚定，那么就会为了志向而不懈奋斗，为了理想而顽强拼搏，面对艰难困苦，反而愈挫愈勇。"路漫漫其修远兮，吾将上下而求索"则反映出赓续奋斗追求真理的决心与勇气。在革命、建设和改革的各个历史时期，无数人为了党和人民的事业而不懈奋斗甚至牺牲宝贵的生命，其背后的支撑就是这种精神力量，反映出中华民族顽强拼搏、自强不息、坚韧不拔的精神特质。艰难困苦，玉汝于成。推进中国式现代化是一项任重道远的艰巨性事业、开天辟地的开创性事业、前无古人的探索性事业。当前我们从未离民族复兴如此之近，但越是接近理想的彼岸，越会遇到各种艰难险阻，越是美好的未来，越需要我们付出艰辛努力。面对国内外局势更加波谲云诡的现实情况，实现理想目标尤其需要我们秉持团结奋斗的精神，将其内化于心而与价值追求相通，外化为锐意进取、顽强拼搏、敢于斗争、善于斗争的实践行动。

（三）以奋斗姿态创造出新的历史伟业

团结奋斗是中国人民创造历史伟业的必由之路。志不求易者成，事不避难者进。以奋斗姿态创造新的历史伟业必须牢记"三个务必"：一是务必不忘初心、牢记使命。为中国人民谋幸福、为中华民族谋复兴是中国共产党人的初心和使命。党的百年光辉历史是一部恪守初心使命的历史。正是对初心使命的始终坚守，我们党才能带领亿万人民创造了伟大成就和人间奇迹，也才能于困境低谷中突出重围、不断发展壮大。我们要坚定理想信念，坚守党的初心使命，牢记党的根本宗旨，弘扬伟大建党精神，坚持人民至上，与人民共创新的辉煌成就。二是务必谦虚谨慎、艰苦奋斗。谦虚谨慎、艰苦奋斗是中国共产党的高贵品质，亦是对党艰苦奋斗历史的深刻总结，既体现了对党的性质宗旨的深刻认识，亦体现了对如何永葆纯洁性和先进性这个永恒课题的深邃思考，具有重要的理论意义和时代价值。我们要时刻保持清醒，摒弃一切骄傲自满，秉持团结奋斗姿态，保持艰苦奋斗的作风，坚持自力更生、脚踏实地、未雨绸缪、踔厉奋发、勇毅前行。三是务必敢于斗争、善于斗争。敢于斗争是中国共产党百年奋斗的重要历史经验之一，也是党的鲜明品格。新时代十年来取得的历史性成就不是天上掉下来的，也不是别人恩赐的，是我们党依靠伟大斗争取得的。踏平坎坷成大道，斗罢艰险又出发。新征程上，我们面临的风险考验将会更加复杂，我们要下好先手棋，统筹发展和安全，坚定斗争意志，掌握斗争规律，增强斗争本领，谋求斗争实效，以斗争求团结，开新局、育先机，不断以奋斗姿态创造出新的历史伟业。

　　以奋斗姿态创造历史伟业必须发扬历史主动精神。历史主动精神是在坚持以马克思主义理论为指导，把握历史规律的基础上，顺应世界历史发展大势，积极担当作为，勇于开拓创新，主动推动历史发展的精神状态。发扬历史主动精神要加强思想理论武装，坚持以马克思主义为指导，读原著、学原文，学深悟透马克思主义所蕴含的科学内涵、时代意蕴、真理力量，用中国化时代化的马克思主义理论成果武装头脑，为深化和拓展中国式现代化提供科学的行动指南，推动中国式现代化行稳致远；发扬历史主动精神要顺应历史发展规律，在尊重历史发展客观规律的基础上发挥主观能动性，持续深化对历史发展规律的认识，实现对规律的创造性运用与发展，以此掌握历史发展的主动权，推动现代化发展更加符合规律；发扬历史主动精神要坚持人民主体地位，尊重人民首创精神，坚持人民至上的价值立场，贯彻党的群众路线，发挥人民群众的主体能动作用，在发展中切实保障和改善民生，进一步缩小各领域内部的差距，补齐发展短板，推动各国高质量发展成果合理转化为惠及人类的共享产品，增强现代化成果的普惠性，激发实现现代化的内生动力；发扬历史主动精神要勇于承担历史重任，要坚定历史自信与理论自信，增强历史主动，不断深化改革开放，推动实践创新，牢固树立大历史观，精准把握历史方位，坚持实事求是，在加强调查研究的基础上制定正确合理的政策和方法，一步一个脚印，坚持以奋斗姿态创造出新的历史伟业。

　　以奋斗姿态创造历史伟业必须进行党的自我革命。自我革命是破解大党独有难题之密码，是摆脱历史周期率之答案，也是党带领人民在长期实践中积累的历史经验。在推进中国式现代化的进程中，维护党中央权威和集中统一领导，强化政治建设统领地位，要强化"四个意识"，做到坚守政治信仰、站稳政治立场、把准政治方向，探索建立具体精准常态化机制，通过有力政治监督督促来确保党的各项决策部署落地生根；不断深化理想信念建设，筑牢党的思想基础，要提高马克思主义理论素养，要强化制度约束，通过完善有效管用的制度，推动理想信念建设由"软约束"向"硬标准"转变，把理想信念建设抓紧抓实抓好；建设高素质干部队伍，强健党的物质肌体，坚持党管干部原则，坚持立体看人，多层次、多渠道、多侧面了解干部，注重基层和实绩导向，坚持从严管理干部；坚持以严的基调强化正风肃纪，净化党的建设环境，持续深入抓作风建设，作风建设要抓常抓细抓长，建立长效机制；完善纪律规章制度建设，为党的建设提供保障，完善党的自我革命制度规范体系，坚持依规治党，深入推进纪检体制改革，建立健全监督格局和监督体系；以零容忍态度反腐惩恶，着力提高、一体推进"三不腐"能力和水平，构建防腐倡廉的长效机制，站在新征程上，我们更要以对人民高度负责的自我革命精神，坚决打赢反腐败斗争攻坚战持久战，坚持以奋斗姿态创造出新的历史伟业。

第四章

回答世界之问的中国方案

人类社会发展进程曲折起伏，各国探索现代化道路的历程充满艰辛。当前，世界之变、时代之变、历史之变加速展开，世界又一次站在历史的十字路口。面对人类社会在现代化进程中出现的诸多现代性困境，中国共产党立足于中国式现代化的成功实践，着眼于中国人民和世界人民的共同利益，向国际社会郑重提出构建人类命运共同体这一宏大理念，为回答当今世界之问提供了中国智慧和中国方案。

一、始终不渝走和平发展道路

谋天下和平、促共同发展既是全体中华儿女的崇高追求，也是全世界人民的共同心愿。自新中国成立以来，我们党始终高举和平旗帜，提出和坚持了和平共处五项原则，确立和奉行了独立自主的和平外交政策，向世界作出了永远不称霸、永远不搞扩张的庄严承诺，强调中国始终是维护世界和平的坚定力量。走和平发展道路，是我们党根据时代发展大势和我国根本利益作出的战略抉择。只有坚持走和平发展道路，只有同世界各国一道维护世界和平，中国才能实现自己的目标，才能为世界作出更大贡献。坚定不移走和平发展道路，是中国人民对实现自身发展目标的自信和自觉，是中国对国际社会关注中国发展走向的积极回应，具有深厚的历史底蕴、严谨的生成逻辑和丰富的实践基础。中国真切希望与世界各国一道走和平发展道路，共同建设和维护国际政治经济新秩序，共同打造国际关系新格局，共建人类命运共同体。

（一）中国人民的选择

新中国成立以来，我们党始终把外交事业作为党和国家的重要工作，将其摆在国家发展战略的优先地位，经过艰苦的理论和实践探索，我们党开辟、确立、发展了具有中国特色的外交工作方针，奉行独立自主的和平外交政策。"独立自主"是中国外交事业的原则和灵魂，中国始终不渝走和平发展道路，不是照抄照搬其他国家的方案，也不是受谁的指使或者影响。中国所走的和平发展道路，是真独立、真和平、真发展的切实体现，是中国共产党在和平与发展时代主题下作出的伟大战略决断。我们独立自主、坚定不移走和平发展道路，归根结底是中国人民自己作出的选择，是基于中国人民对维护自身根本利益、实现自身发展目标的一种自信和自觉。这种自信和自觉，来源于中华文明的深厚底蕴，来源于对实现中国发展目标条件的清晰认知，来源于对世界发展大势和国际关系发展规律的本质把握。

中华民族是爱好和平的民族，中国人民是爱好和平的人民。在中华民族五千多年的辉煌文明中，蕴含着诸如"以和为贵""和气生财""美美与共，天下大同"等珍视和谐、向往和平的文化内涵和美德积淀，从而也塑造出了中华民族追求和睦、传承和平的民族性格和价值观念。中华民族的血液中没有侵略他人、称霸世界的基因。正因为中国人民深切地感受过战争所带来的苦难和不幸，所以我们对于和平有着真诚的期盼和不懈的追求，我们十分希望国家之间和睦相处、世界和平永存、全人类和谐共生。坚定不移走和平发展道路，是中华优秀传统文化中尚和思想在新时代中国外交事业上的承继和发扬，是我们将民族文化底蕴融入国家发展战略的生动展现，也是中国人民自近代以来于血火淬炼中升华出的历史结论。

全面建成社会主义现代化强国、实现中华民族伟大复兴，必须有和平的国际环境。中国的发展需要和平，世界的发展更需要和平，没有和平作前提，任何的发展都是不牢靠不稳定、摇摇欲坠的。同时，假若没有迅速的发展和强大的实力作支撑，中国和世界想要持久和平也是缺乏保障的，只有推动世界充分平衡发展，弥补全球和平赤字、发展赤字、安全赤字、治理赤字，才能为谋求世界长远和平提供不竭动力。中国深刻认识到自身发展与世界前途命运紧密相连，要集中精力把自己的事情办好，使国家更富强，人民更富裕，依靠不断发展起来的力量让中国在和平发展的道路上行稳致远。

一个国家要繁荣昌盛，必须顺应和把握世界发展大势，必须洞察和运用国际关系发展规律，在国际交往中要能够有自信自立的底气、有敢于斗争的骨气、有包容友善的和气。习近平总书记指出："什么是当今世界的潮流？答案只有一个，那就是和平、发展、合作、共赢。中国不认同'国强必霸'的陈旧逻辑。"[1]横观纵览世界发展历程，殖民主义、霸权主义、保护主义的老路是走不通的，如果一意孤行，只会走入死胡同。当今世界，只有和平发展道路才能够走得通、走得稳、走得快。在前进方向和发展道路的重大问题上，我们要时刻保持清醒与冷静，擦亮双眼认清世界大势，不能身体已进入21世纪，而脑袋还停留在过去，停留在殖民扩张的旧时代里，停留在冷战思维、零和博弈的老框框内，只有坚定不移走和平发展道路，才是顺应历史趋势和时代潮流的正确选择。

---

[1]《习近平新时代中国特色社会主义思想学习纲要》，学习出版社、人民出版社2023年版，第270页。

（二）世界和平发展的中流砥柱

党的十八大以来，中国特色社会主义进入新时代。在中国共产党的坚强领导下，党和国家事业取得历史性成就、发生历史性变革，科学社会主义在21世纪的中国焕发出更加强大的时代魅力和理论光芒。然而，随着中国的迅速发展，国际上有些国家和组织打着维护"世界和平"的幌子，开始无端担心甚至大肆渲染中国要走"国强必霸"的路子，他们秉持着"自己强大了，就一定会欺负别人"的陈旧逻辑，认为中国的强大是以牺牲其他国家的利益为前提，并且只要中国强大起来，就必定会欺凌弱小，影响世界和平发展，提出了所谓的"中国威胁论"。这种毫无根据的错误判断，既包括对中国发展道路的认知误解，也含有对中国根深蒂固的意识形态偏见。坚持走和平发展道路，是中国基于自身发展实际和世界发展大势的长远考量。国际上一些老牌资本主义强国，依仗自身的军事、经济和科技优势，试图将世界搅乱，从而浑水摸鱼、坐收渔利，谋求一己私利。但是全球化的时代浪潮不可逆转，世界日益成为一个互联互通、相互融合的有机整体。在这样的世界格局中，没有谁、没有哪个国家可以真正做到"独善其身"，相反，"一荣俱荣、一损俱损"才是国际关系发展的平衡常态。那些牺牲他国利益只为谋求自身发展的国家吃到了自私行为带来的恶果，难民危机、核武器威胁、传染病大流行等全球性问题早已反噬其身。

面对世界的变乱交织，中国积极弘扬全人类共同价值，呼吁通过对话协商解决国际纠纷，以派遣维和部队等实际行动为纾解安全困境、维护世界和平作出重要贡献。从和平共处五项原则，到坚守独立自主的和平外交政策，从"一带一路"倡议和构建人类命运共同体，到提出全球发展倡议、全球安全倡议和全球文明倡议，进而创造出人类文明新形态，"和合共生"的中华民族文明基因始终贯穿于中国方案之中。中国的和平发展将启迪帮助世界各国，中国式现代化不仅为中国同世界各国合作提供了新的机遇，也破解了人类社会发展的诸多难题，促进了全球共享发展和共同繁荣。我们一直毫不动摇坚持走和平发展道路，致力于做世界和平的建设者、全球发展的贡献者、国际秩序的维护者，在决定国家根本前进方向的政策法律上是这样规定的、在引领国家发展路径的制度体系上是这样设计的、在具体执行的实践中更是这样落实的。中国将始终秉持和平发展理念，走和平发展道路，持续做维护世界和平、促进共同发展的中流砥柱。

（三）让和平与发展的阳光普照全球

历史和现实反复证明，世界各国只有走和平发展道路，人类社会才能共同发展，人类文明才能和谐大同。中国将坚定不移走和平发展道路，并且真诚希望世界各国摒弃冷战思维，坚持互尊互助、互谅互让，加强战略沟通，增进政治互信，共同走和平发展道路，让和平与发展的阳光普照全球。

当今世界，如果走对立对抗的歧路，无论是搞冷战、热战，还是贸易战、科技战，最终将损害各国利益、牺牲人民福祉。倡导世界各国共同走和平发展道路，就要呼吁各国尊重和包容差异，不干涉别国内政，通过协商对话解决分歧。国与国之间的交往就如同人与人之间打交道，只有相互了解、相互尊重、相互包容、相互帮助，以诚待人，打下良好的信任合作基础，才能交到真朋友、好朋友，在共同发展的道路上才能相互扶持、彼此依靠。在国际交往中，我们要恪守互利共赢的合作观，践行真正的多边主义，拒绝以邻为壑、自私自利的狭隘政策，勇于和逆全球化、保护主义浪潮作斗争；抛弃垄断发展优势的狭隘做法，本着普惠包容的价值取向，将自身发展成果和世界各国共享，共同谋求全世界在经济贸易、科技文化等领域的合作共赢，做到"有好东西大家一起分享"的坦诚相待，保障世界各国平等发展的权利，促进全球共同繁荣发展。要鼓励引领世界各国进行公平公正竞争，"开展你追我赶、共同提高的田径赛，而不是搞相互攻击、你死我活的角斗赛"。①只有个别国家一枝独秀的世界不是真正美好的世界，各个国家百花齐放、美美与共才是全人类应当努力追求的和谐世界。

中国是和平发展道路的坚定拥护者、提倡者，我们积极承担国际责任和义务，始终做世界和平的建设者、全球发展的贡献者、国际秩序的维护者、公共产品的提供者，继续以中国的新发展为世界提供新机遇，并鼓励呼吁世界各国同中国一道共同走和平发展道路，让和平与发展的阳光普照全球。我们倡导以对话弥合分歧、以合作化解争端，主张以团结精神和共赢思维应对复杂交织的国际挑战，建设一个普遍安全的世界。中国式现代化是中国通过走和平发展道路所实现的现代化。"中国式现代化不走殖民掠夺的老路，不走国强必霸的歪路，走的是和平发展的人间正道。"②中国实现现代化是世界和平力量的增长，是国际正义力量的强化，无论发展到什么程度，中国永远不称霸、永远不搞扩张。这是我们对世界人民的庄严承诺，是对倡导世界各国共同走和平发展道路的郑重保障。但是针对某些强权政治、霸权主义者

---

① 《习近平谈治国理政》第4卷，外文出版社2022年版，第463页。
② 习近平：《携手同行现代化之路——在中国共产党与世界政党高层对话会上的主旨讲话》，《人民日报》2023年3月16日。

的分化与挑拨，以及妄图以"和平"为借口来限制阻碍中国自身发展的阴谋，在涉及中国人民核心利益的大是大非问题上，我们会秉持鲜明坚定的中国立场。"中国决不会以牺牲别国利益为代价来发展自己，也决不放弃自己的正当权益。"①任何国家不要指望中国会拿自己的核心利益做交易，任何人不要幻想让中国吞下损害自身利益的苦果。

二、构建新型国际关系

国际关系是国际行为主体之间关系的总称，涵盖了政治关系、经济关系、民族关系、军事关系、文化关系、宗教关系、地域关系等，体现了国家之间的联结和沟通状况以及国际秩序。现如今，世界百年未有之大变局加速演进，旧有的国际关系体制日益显露出公正缺失、动力不足、冲突加剧等现实缺陷，阻碍了世界和平与发展。党的二十大报告明确指出："中国坚持在和平共处五项原则基础上同各国发展友好合作，推动构建新型国际关系，深化拓展平等、开放、合作的全球伙伴关系，致力于扩大同各国利益的汇合点。"②推动构建新型国际关系，就是要秉持相互尊重、公平正义、合作共赢原则，从中国自身做起，进而呼吁世界各国践行真正的多边主义，走出一条对话而不对抗、结伴而不结盟的国与国交往新路，摒弃"零和博弈"的对抗性思维，塑造健康友善的国际关系；以胸怀天下的包容心态和普惠观念，推动

---

① 《习近平新时代中国特色社会主义思想学习纲要》，学习出版社、人民出版社2023年版，第271页。

② 习近平：《高举中国特色社会主义伟大旗帜　为全面建设社会主义现代化国家而团结奋斗——在中国共产党第二十次全国代表大会上的报告》，人民出版社2022年版，第61页。

世界各国共同享受尊严、共同享受发展成果、共同享受安全保障，将共享理念付诸实践；深化拓展平等、开放、合作的全球伙伴关系，协调运筹好大国关系、周边关系等，多交朋友，交真朋友、好朋友，打造覆盖全球的"朋友圈"。

（一）对话而不对抗、结伴而不结盟

要推动构建平等友好的新型国际关系，首先就要选择一条能够指导我们正确处理各种关系、平衡利益得失的国际交往新道路。新中国成立以来特别是改革开放以来，中国共产党在丰富的外交经历中、在残酷的外交斗争中、在充实的外交成就中不断完善提升自身指导外交事业的能力，深刻洞察世界大势，精准把握外交规律，积极推动国家外交工作理论和实践创新，针对"国家间交往应当走什么道路"这一国际外交工作的永恒命题，创造性地提出了走一条"对话而不对抗、结伴而不结盟"的国与国交往新路，倡导"大国之间相处，要不冲突、不对抗、相互尊重、合作共赢。大国与小国相处，要平等相待，践行正确义利观，义利相兼，义重于利"[1]，为国际外交事业、世界发展和人类进步指明了前进方向。

对话而不对抗、结伴而不结盟，富含着深厚的马克思主义哲学辩证底蕴，生动体现了中国共产党人无与伦比的政治智慧、清晰坚定的外交理念和高超精妙的表达艺术，是一条契合国际交往需求、满足世界人民意愿、彰显时代主题精神的国与国交往新路、好路。在世界历史的动荡变革面前，我们要保持高度的清醒和冷静，坚决摒弃冷战思维和强权政治，坚持以对话协商解决问题，积极参与国际交流，推动国际关系稳中向好发展。历史不止

---

[1]《习近平外交演讲集》第1卷，中央文献出版社2022年版，第287页。

一次地告诉我们，参与对抗甚至主动寻求对抗，最终的结果只能是害人害己，而在相互理解基础之上的积极对话则能起到良好的沟通协调作用，有助于增进国家之间的政治互信和合作共赢，我们应当倡导"对话而不对抗"成为解决国家间交往问题的途径。在国际关系中，结伴和结盟代表着两种不同的交往理念，二者既有区别也有联系。面对动荡不安的国际局势，我们应当深化拓展全球伙伴关系，实现合作共赢。但发展中的伙伴关系并不是结盟。盟友关系意味着要在任何立场和问题上都保持一致，会损害自身的外交独立性和主动权，并且这种武断畸形的国家关系也会影响与其他国家的平等和谐共处，不利于国际关系的健康发展。和平与发展仍是当今世界的主题，中国理应从自身做起，不搞结盟和圈子，始终以亲和友善的姿态发展同世界各国的伙伴关系，不以结盟为外交手段和目的，勇于承担国际责任、积极发挥外交主动，秉持独立自主、端庄大方的大国外交风范，为处理国家间关系提供中国智慧和中国方案。

（二）各国共享尊严、发展和安全

当今人类社会面临着前所未有的挑战，难民危机、粮食危机、地区冲突、恐怖主义等影响全球和平发展的不稳定因素此起彼伏，南北发展鸿沟不断拉大，造成这些问题的重要原因之一就是不平等的国际政治经济秩序和分配体系。《论语》中讲："不患寡而患不均。"世界上一些发展中国家和极端弱势国家在国际交往合作中总是处于不平等的地位，难以独立自主，难以自强求富，甚至在残酷的国际斗争中被当作牺牲品，这样缺乏公平正义的国际秩序只会为世界动荡埋下隐患。世界各国应当共同携起手来，推动全球共享发展，重点支持发展中国家的现代化建设，加大经济援助和资源倾斜的力度,推动构建新型国际关系,让世界各国和各国人民共同享受尊严、共同享受发展成果、共同享受安全保障。

习近平总书记指出:"世界上不存在高人一等的国家,不存在放之四海而皆准的国家治理模式,不存在由某个国家说了算的国际秩序。"[①]我们要维护世界各国在国际交往合作中的平等地位,坚持世界各国不分大小、强弱、贫富一律平等、一视同仁,充分尊重各个国家的核心利益、各国人民的发展权益,尊重由各个国家自主选择的发展道路和社会制度,不搞歧视打压、不搞霸权主义,以亲和的姿态和宽容的胸怀平等地对待世界上任何一个国家,让全世界人民共同享受平等公正的尊严。世界的发展不能趋向两极分化,人类的幸福也不可能建立在一些国家越来越富裕而另一批国家却长期贫穷落后的基础之上。每个国家在谋求自身发展的同时,要积极促进世界其他各国共同发展。要在全世界范围内建设稳定平衡的发展成果共享机制,推动国际贸易和金融优势、科技创新产品的宝贵价值更多更公平惠及发展中国家,让世界各国融入发展洪流、世界人民共享发展成果,促进全人类的大发展、大进步。强大的军事优势往往是一些国家欺凌弱小、横行霸道、主导不平等国际秩序的基础和工具,要想促进世界各国共同发展、共享发展,就不能没有牢固可靠的全球性安全保障作支撑。世界各国尤其是军事大国,要严格恪守和平承诺,积极承担维和责任,绝不逾越世界和平的底线,不挑起冲突,不用武力威胁解决问题,带头为世界打造稳定的安全保障。中国作为联合国安理会五大常任理事国之一,肩负维护世界安全的重任。近年

[①]《习近平新时代中国特色社会主义思想学习纲要》,学习出版社、人民出版社2023年版,第272页。

来，中国积极回应世界呼唤、切实履行大国义务，多次向非洲等地派遣维和部队、向亚丁湾等地派遣护航编队，执行国际安保维和任务，为世界安全保障贡献了强大的中国力量。世界各国要齐心协力，妥善应对各种问题和挑战，增强抵御风险的能力，共同变压力为动力、化危机为生机，谋求合作安全、集体安全、共同安全，以合作取代对抗，以共赢取代独占，推动全世界共享安全保障。

(三) 打造覆盖全球的"朋友圈"

中国历来重视发展与世界各国的友好合作关系，在中华民族的文化视野和实践语境中，交朋友、交好朋友是重要的生活方式和处世准则。早在两千五百多年前的春秋时期，孔子即言："有朋自远方来，不亦乐乎？"这充分体现了中华民族乐于交友、真诚待友的格局态度。在国际交往中，我国奉行平等合作的原则，以积极主动的姿态、亲和友善的风范、博爱包容的胸怀，真诚寻求和睦亲善的友邻邦交关系、深化拓展互惠互利的全球伙伴关系，让诚恳和善的国际交往态势在全世界蔚然成风，从而推动构建世界各国都认可的、平等共赢的新型国际关系。中国将高举和平、发展、合作、共赢的外交旗帜，始终不渝奉行维护世界和平、促进共同发展的外交政策宗旨，坚定不移走和平发展道路，坚持在和平共处五项原则的基础上发展同世界各国的伙伴关系，培育良好的信任基础和坚实的合作基础，扩大同各国发展利益的交汇点，寻求同各国的共赢协同合作，不断完善我国全方位、多层次、立体化外交格局，强化我国全球外交多领域、多维度协调布局，深化拓展平等、开放、合作的全球伙伴关系，打造覆盖全球的信得过、靠得住的"朋友圈"。

大国关系是我们全球伙伴关系中的主要矛盾，处理把握好大国关系，对于我们深化拓展全球伙伴关系具有重要意义，在国际交往中要善于抓大国关系这个"牛鼻子"，以大带小、以点带面，促进我国国际关系工作高质量发展。协调运筹好大国关系，要充分探索大国间的利益汇合点，积极推动大国间的良性互动合作。如果世界几个大国之间能够做到不冲突、不对抗，相互尊重、合作共赢，树立起良好和谐的国际关系典范，那么世界各国间的博弈和冲突会少得多。各国只有共同走和平发展道路，积极构建新型国际关系，努力寻求多领域内的合作发展，才是符合世界历史发展大势的人间正道，才会真正造福各国人民，促进实现世界经济的高质量发展。

中国自古以来就重视同周边友邻国家的交往关系，中国俗语讲"远亲不如近邻"，有一个良好稳定、互助和谐的周边关系是我们的安身立命之所、发展繁荣之基。中国始终注重维护同周边国家的和平、友好、合作关系，力求推动周边和平稳定发展。党的二十大报告指出："坚持亲诚惠容和与邻为善、以邻为伴周边外交方针，深化同周边国家友好互信和利益融合。"[1]我们深刻意识到，要想踏踏实实搞发展，没有一个稳定友善的周边关系是不行的。当前，世界之变、时代之变、历史之变正以前所未有的方式展开，一些国家和组织妄图通过渗透、分化来破坏中国和周边国家的关系，阻碍中国的和平发展。为应对此类挑战，我们愈加强调周边关系的重要性，加强同周边国家的交流与合作，坚决为自身发展和世界和平谋求塑造稳定和谐的周边关系，倾力打造全方位的周边命运共同体。寻求发展亲诚惠容的周边关系，构建周

---

[1] 习近平：《高举中国特色社会主义伟大旗帜　为全面建设社会主义现代化国家而团结奋斗——在中国共产党第二十次全国代表大会上的报告》，人民出版社2022年版，第61页。

边"朋友圈",共筑自身发展与世界和平事业的根基,正是中国为解决世界现代化发展难题而提出的原创性方案。

三、落实"三大倡议"

中国共产党在推进中国式现代化伟大实践的过程中,既坚守为中国人民谋幸福、为中华民族谋复兴的初心使命,又葆有为人类谋进步、为世界谋大同的天下情怀,充分发挥历史主动、承载人类担当,向国际社会发出全球发展倡议、全球安全倡议和全球文明倡议,丰富和发展了人类命运共同体理念的科学理论内涵和切实行动路径,为人类社会走出现代性困境、破解现代化发展难题贡献了中国智慧和中国方案。

(一)照亮人类发展未来

2021年9月21日,习近平主席出席第七十六届联合国大会一般性辩论并发表题为《坚定信心,共克时艰,共建更加美好的世界》的重要讲话。他立足全球发展历史方位,顺应全球人民共同意愿,勇担全球变革时代重任,面向全世界首次提出全球发展倡议,主张坚持发展优先、坚持以人民为中心、坚持普惠包容、坚持创新驱动、坚持人与自然和谐共生、坚持行动导向,呼吁国际社会"重点推进减贫、粮食安全、抗疫和疫苗、发展筹资、气候变化和绿色发展、工业化、数字经济、互联互通等领域合作"[①],以全人类的团结合作伟力共同推动全球创新、协调、绿色、开放、共享、安全发展。

---

① 《习近平著作选读》第2卷,人民出版社2023年版,第514页。

全球发展倡议是将中国自身发展前途和世界命运深度融合的时代产物。中国共产党自成立以来始终重视发展的重要性，将发展作为党执政兴国的第一要务。在新民主主义革命时期，尽管党尚未走向全国执政，但其对于根据地建设、社会主义无产阶级政权建设的探索实践已经形成了相当的发展经验。新中国成立以来，以毛泽东同志为主要代表的中国共产党人积极推动中国融入世界发展大势，提出统筹国内和国外两个发展大局以及和平共处五项原则等一系列促进全球合作与发展的历史性举措，推动建设国际政治经济新秩序。党的十一届三中全会以来，以邓小平同志为主要代表的中国共产党人提出"和平与发展是当代世界的两大问题"的科学论断，推动中国和世界更深层次的交流互融，中国对于世界发展的贡献程度迈上了新的台阶。党的十八大以来，以习近平同志为主要代表的中国共产党人深刻洞悉世界发展趋势，把握世界发展本质规律，充分发挥历史自觉，先后提出人类命运共同体、"一带一路"倡议等新理念和新方案。全球发展倡议即是习近平总书记立足世界百年未有之大变局，在思考如何建设美好世界的基础上提出的最新理论构想，是中国共产党关于全球发展建设理论的思想精华。

全球发展倡议是中国化时代化的马克思主义在全球发展困境中引领世界发展的生动体现。全球发展倡议具有深邃的马克思主义理论背景，涵盖了科学社会主义理论、马克思主义世界理论、马克思主义国际关系理论、马克思主义发展观和使命观理论等，是中国化时代化的马克思主义理论创新成果。马克思主义中关于世界市场的不均衡不平等发展状况的论述以及关于"使东方从属于西方"等不平等国际关系的观点，是我们提出全球发展倡议的基本理论依据。而马克思主义所秉持的协调、绿色发展观点以及马克思主义政党应当肩负着维护世界和平发展、推动全人类解放的马克思主义政党使命观，也为我们提出全球发展倡议提供了科学的理论遵循和强大的精神动力。此外，全球发展倡议也饱含着中华优秀传统文化内在的哲学追求与向往。《论语》中的"不患寡而患不均"提倡社会分配的平等和均衡，引导建立公平正义的社会秩序；《庄子》中的"天地与我并生，而万物与我为一"讲求人与自然的和谐共生，反映出对于自然规律的尊重；《大学》中的"苟日新，日日新，又日新"则强调创新求变，凸显出创新作为社会发展动力的重要意义。这些朴素的价值观念作为全球发展倡议中共享、绿色、创新发展理念的文化积淀，全面彰显出中华优秀传统文化在推动全球发展方面的重要理论意义和时代价值。

全球发展倡议为国际社会走出发展困境指明了方向。习近平总书记提出的全球发展倡议是对"建设一个什么样的世界，怎样建设这个世界"这一重大时代课题作出的科学回答，具有深刻的理论意义和实践价值。其中，"坚持发展优先"是全球发展倡议的根本宗旨，"坚持以人民为中心"是全球发展倡议的核心要义，"坚持普惠包容"是全球发展倡议的价值导向，"坚持创新驱动"是全球发展倡议的内生动力，"坚持人与自然和谐共生"是全球发展倡议的本质要求，"坚持行动导向"是全球发展倡议的实践理念。此"六个坚持"直击问题本质、回应人民关切，共同构成了全球发展倡议的基本框架，高度概括了全球发展倡议的理论内涵、价值内核和实现路径。

第一，坚持发展优先是根本宗旨。全球发展倡议聚焦于发展议题，树立"坚持发展优先"的根本宗旨，将世界共同发展作为解决全球性问题，共建人类美好家园的法宝和良策，凸显了"发展才是硬道理"的现实意义和真理价值。坚持发展优先是要"将发展置于全球宏观政策框架的突出位置,加强主要经济体政策协调,保持连续性、稳定性、可持续性,构建更加平等均衡的全球发展伙伴关系"①,持续推动全球各国在多领域、多范围、深层次开展双边、多边国际发展合作,促进全球高质量发展协同增效,以安全发展战略有针对性地消除人类贫困、推动国际问题和平解决、降低战争风险、缩小南北差距等,加快落实联合国2030年可持续发展议程。

第二,坚持以人民为中心是核心要义。面对两极分化、基本公共资源分配失衡、民生保障不足等世界现代化发展普遍难题,中国共产党以超凡的战略视野、强烈的历史担当向国际社会公开提出人民至上的哲学宣言。全球发展倡议始终坚持以人民为中心的发展理念,坚持人民主体地位,顺应人民意愿、尊重人民需求,立足关乎全球人民切身利益的各项问题,在持续减贫、尊重和保障人权、促进性别平等、保护人类生存发展环境等领域开展多边合作,推动全球共享发展,将人民利益作为制定发展策略、推动发展实践的轴心,在发展中保障和改善民生,保护和促进人权,做到发展为了人民,积极推动弥补全球人权治理赤字;发展依靠人民,凝聚全球各国人民的智慧和力量共同发展;发展成果由人民共享,持续解决全球发展中的不平衡不均衡问题,增强世界各国人民的获得感、幸福感、安全感。

第三,坚持普惠包容是价值导向。中国作为世界上最大的发展中国家,始终以宽容、平等、博爱的胸怀和态度坚持走和平发展道路,坚持与广大发展中国家站在一起,积极将自身发展融入世界,在广泛的国际合作中与世界各国分享发展机遇、促进共同

---

① 《习近平著作选读》第2卷,人民出版社2023年版,第513—514页。

发展。全球发展倡议坚持普惠包容的价值导向，致力于解决南北发展失衡问题、弥补发达国家与发展中国家的发展鸿沟，在全球发展中为全球民众谋取更广泛、更均衡的福祉和利益。全球发展倡议重点关注发展中国家特殊需求，着力解决国家间和各国内部发展不平衡、不充分问题，提升全球发展质量，呼吁在全球发展的历史进程中，不让任何一个国家、任何一个民族掉队，团结一致，以共建人类命运共同体的战略高度推动全球普惠包容发展。

第四，坚持创新驱动是内生动力。一方面，针对个别西方发达资本主义国家的科技封锁，全球发展倡议主张世界各国摒弃科技保护主义思维，推动全球形成知识、科技开放共享的协同创新环境；另一方面，全球发展倡议呼吁世界各国尤其是发展中国家奋力抓住新一轮科技革命和产业变革的历史性机遇，加速科技成果向现实生产力转化，努力营造开放、公平、公正、非歧视的科技发展环境，培育后疫情时代经济增长新动能，以创新驱动携手实现跨越式发展。

第五，坚持人与自然和谐共生是本质要求。世界要走什么样的发展道路，是继续走西方现代化先污染后治理的老路，还是开辟一条以中国式现代化为典型代表的人与自然和谐共生的新路，是各国需要谨慎思考的问题。全球发展倡议立足当今世界面临的环境污染、气候变化等全球性治理难题，提倡尊重、顺应、保护自然，遵循自然发展规律，呼吁完善全球环境治理，积极应对气候变化，构建人与自然生命共同体，走一条绿色发展、泽被后代的可持续发展之路。中国将从自身做起，积极参与应对气候变化全球治理，为世界各国树立绿色发展典范。

第六，坚持行动导向是实践理念。实践性是马克思主义的理论特质。全球发展倡议提倡世界各国加大发展资源投入，推动全球基础设施建设更加全面、政治经济秩序更加合理、分配体制更加公平、人才交流更加自由，重点推进减贫、粮食安全、发展筹资等领域合作，加快落实联合国2030年可持续发展议程，积极促进南南合作、南北对话，构建全球发展命运共同体，为全球高质量、可持续发展注入新动能。

全球发展倡议坚持行动导向，体现出了马克思主义科学世界观和方法论的真理价值和实践力量。我们倡导世界各国在平等友好交流的基础上积极落实全球发展倡议，为破解全球难题、推动全球发展贡献全人类伟大合力。我们应当以实事求是、行之有效的实践路径推动落实全球发展倡议，并充分发挥其思想引领、理论奠基和实践导向作用，为世界发展擘画宏伟蓝图、提供行动方案。在外交政策方面，倡导世界各国持续践行多边主义，完善全球治理，弥补全球治理赤字；在国际关系方面，倡导世界各国坚定不移维持良好的全球发展伙伴关系，以团结稳定、互惠互利、协作共赢的全球发展伙伴关系推动世界稳中向好发展；在目标理念方面，倡导世界各国共同构建全球发展命运共同体，并将其作为全球发展倡议的主要依托和实践平台，为全球发展凝聚智慧和力量。

推动落实全球发展倡议，要倡导践行真正的多边主义。习近平总书记在党的二十大报告中指出："中国积极参与全球治理体系改革和建设，践行共商共建共享的全球治理观，坚持真正的多边主义，推进国际关系民主化，推动全球治理朝着更加公正合理的方向发展。"推动构建良好的国际交往格局，完善现有全球治理体系，对于加速形成全球发展新格局，全面激活经济增长动能具有重要作用。习近平总书记多次强调"坚持真正的多边主义"，并指出多边主义的要义是国际上的事由大家共同商量着办，世界前途命运由各国共同掌握。在实践方面，中国坚持从自身做起，高举真正的多边主义旗帜，倡导世界各国维护"以联合国为核心的国际体系、以国际法为基础的国际秩序、以联合国宪章宗旨和原则为基础的国际关系基本准则"[①]，在世界贸易、货币金融、文化学术交流、生态保护以及民生问题上开展广泛交流合作，持续发展稳定良好的双边、多边关系。希望世界各国都能坚持开放包容、与时俱进、团结共赢的多边主义，以多领域、多层次、多角度的国际交往合作共同推进落实全球发展倡议，为树立正确的全球治理观、完善全球治理体系以及弥补全球治理赤字贡献自身力量。

推动落实全球发展倡议，要倡导世界各国维持良好的全球发展伙伴关系。全球发展伙伴关系是一种倡导平等、开放、包容、合作的新型国际关系，其不仅反映世界各国在相互尊重理解基础之上的平等合作意愿，更蕴含着发达国家对于发展中国家和欠发达国家的援助之意，从而成为国际社会普遍遵循的国际共识。2000年，全球发展伙伴关系被载入《联合国千年宣言》，正式成为全球在国际关系方面的新目标、新理念。2015年，全球发展伙伴关系作为第17项目标被列入联合国《2030年可持续发展议程》，呼吁在全世界范围内加强执行手段，重振可持续发展的全球伙伴关系。全球发展伙伴关系强调南北合作，南南合作则作为南北合作的重要补充和辅助形式发挥作用。因此，只有构建顺畅、稳定的南北合作沟通发展渠道，才会在更大程度上平衡全球发展资源，增强全球发展动力，实现全球共商共建共享发展。

推动落实全球发展倡议，要倡导构建全球发展命运共同体。

[①] 习近平：《高举中国特色社会主义伟大旗帜　为全面建设社会主义现代化国家而团结奋斗——在中国共产党第二十次全国代表大会上的报告》，人民出版社2022年版，第62页。

全球发展命运共同体以发展为核心，是人类命运共同体理念在发展领域的集中表现和实践目标。构建全球发展命运共同体需要将发展置于全球宏观政策框架的突出位置，坚持全球发展倡议中的发展优先观念，立足更加开阔的发展视野，既要追求经济增长，也要聚焦人权民生、文化科技、生态环境等诸领域的进步。构建全球发展命运共同体，应当致力于缩小南北差距，帮助广大发展中国家走上发展快车道。全球发展命运共同体的提出，是将发展问题上升到人类解放的高度，倡导不同社会制度、不同意识形态、不同历史文化、不同发展水平的国家在全球发展领域形成发展目标、发展理念、发展路径的最大公约数，达成国际社会的广泛共识，共同发力落实全球发展倡议。

（二）破解人类安全赤字

当前，世界百年未有之大变局加速演进，国际关系不稳定性、不确定性显著上升。霸权主义、单边主义行径频现，冷战思维、强权政治充斥国际社会，全球治理体系和国际秩序等变革进一步加剧，使得全球的动荡变革特征愈发凸显。值此历史背景下，习近平主席在博鳌亚洲论坛2022年年会开幕式上的主旨演讲中首次提出全球安全倡议，为构筑普遍安全的人类社会贡献了中国方案。这份饱含全人类共同愿景、彰显中国共产党人天下情怀的宝贵倡议，有利于破除世界各国普遍面临的和平与安全困境、化解"热战""冷战"冲突风险，有利于营造和平安宁的国际发展环境，有利于推动构建人类安全共同体、人类命运共同体，为处在战争、疾病、饥饿等阴霾笼罩下的世界和平发展事业注入了"强心剂"，让世界上一切爱好和平的人民看到了曙光。

全球安全倡议的提出符合历史发展大势。当前，世界之变、时代之变、历史之变正以前所未有的方式展开。战争阴霾依旧笼罩于人类社会，地缘政治博弈出现复杂化、扩大化趋势。全球发展面临动能不足、总量不足和失衡严重等问题。传统安全和非传统安全问题频发，军事威慑、政治打压、经济制裁、极端气候、疾病大流行、粮食危机、恐怖主义事件等屡见不鲜。全球治理体系面临失灵、失效困境，逆多边主义思潮迭起。全球治理面临严重的和平赤字、发展赤字、安全赤字、治理赤字，各类全球性问题层出不穷。时代给人类社会提出了一系列亟待解答的重大理论和实践课题，迫使世界再次面临何去何从的历史性考验。全球安全倡议正是在全球治理紊乱失序、国际社会人心不齐、天灾人祸多点爆发的时代背景下，中国向国际社会提供的一份重要公共产品。它标志着中国政府和中国人民坚定维护多边主义的一贯决心；标志着中国将坚决捍卫和平、发展、公平、正义、民主、自由的全人类共同价值，牢固树立安全共同体意识，在全球治理中更好发挥负责任大国作用。

全球安全倡议明确了安全治理的核心要义。发展是人类社会的永恒主题，是解决一切问题的关键。但是，没有安全作为前提，任何发展都无从谈起。全球安全倡议的提出，顺应了当今时代发展主题，回应了世界各国人民对于和平发展的呼声，凝聚着中国对于解决"世界需要什么样的安全理念、各国又怎样实现共同安全"这一时代课题的独特智慧。

第一，坚持共同、综合、合作、可持续的安全观。习近平主席于2014年首次提出共同、综合、合作、可持续的新安全观。[①]其中，共同侧重于从主体角度出发，主张世界各国应该努力贯彻、树立共同安全理念，并且强调安全共同体的参与者是"地球村"

[①]《全球安全倡议概念文件》，《人民日报》2023年2月22日。

的所有成员，缺少任何一方都是行不通的。综合是从系统观念出发，主张统筹国际社会所面临的传统安全和非传统安全问题，善于从世界总体安全观的高度来分析和解决安全问题。合作是实现全球治理有效的科学方法论，坚持"通过政治对话、和平谈判来实现安全"。可持续是实现长久安全的正确理念，坚持发展主基调，通过发展来化解国际社会现存的和潜在的各类风险、矛盾，支撑可持续安全。坚持共同、综合、合作、可持续的安全观是全球安全倡议的核心理念，是"六个坚持"内涵的轴心，是人类社会走向安全共同体、命运共同体所必须高擎的价值观念。历史和实践反复证明，大行霸权主义、秉持冷战思维，最终只能是搬起石头砸自己的脚，只有走共同安全之路才是唯一合乎历史发展逻辑的正确选择。

第二，坚持尊重各国主权、领土完整。主权平等和不干涉内政是国际法基本原则和现代国际关系最根本准则。和平与发展只有建立在彼此尊重主权平等和不干涉内政的基础上才会实现，普遍安全只有在承认并维护世界各国自主选择自身发展道路和社会制度的权利的前提下才能铸就。但是，反观当今国际社会，个别西方大国却常以"山巅之城"的身份自居，自行扮演"救世主""世界警察"角色，对许多国家和地区进行"民主"改造，带去"自由"的气息，假借多边之名行其单边之实，高喊"人权"之声代以"霸权"之举。世界是一个大家庭，全球安全治理不是某家某户的独角戏。事实一再证明，霸权主义、强权政治不得人心，只有相互尊重、包容共处、不干涉别国内政才是维护世界安全与和平的基本前提。

第三，坚持遵守联合国宪章宗旨和原则。联合国宪章宗旨和原则凝结了人类实现集体安全、永久和平的制度设计。第二次世界大战之后的世界乱象迭生，各种不公、冲突对抗事件频发，究其本质原因仍是这一宪章宗旨和原则没有得到有效落实和维护，全球安全治理体系不健全、治理能力不足，难以形成普遍安全的整体局势。任何单边主义、冷战思维，集团对抗、"拉帮结伙"行为等都是与联合国宪章精神相违背的，必定要受到绝大多数国家的抵制与反对。

第四，坚持重视各国合理安全关切。人类是不可分割的安全共同体，是命运与共的整体。国与国之间既有贫富差别，也有强弱之分，既有文明差异，也有信仰之别。但是，这绝不能构成极少数大国为确保自身绝对安全而武力侵犯他国的虚伪借口。在安全面前，没有大国小国之分，也没有强国弱国之异，每一个国家的合理安全关切都应当受到足够的重视，都应当被给予充分的尊重。在构建科学有效的全球安全治理体系、共筑人类安全共同体的过程中，各"地球村"成员都必须坚持个体和整体相统一、传统安全和非传统安全相统一、权利和义务相统一、安全和发展相统一，搭建"均衡、有效、可持续的安全架构"，真正做到国际社会的普遍安全、共同安全。

第五，坚持通过对话协商以和平方式解决国家间的分歧和争端。军事只是政治的延续，任何迷恋单纯武装干预来解决政治纷争的想法或观念都是不正确的。制裁同样无益于分歧和争端的解决，只会让事情朝着不可控、不安全方向发展。面对国际纷争，我们呼吁通过对话协商以和平方式化解国家间的矛盾和冲突，这是顾全各矛盾方发展利益、国际社会整体利益，保证人民生命财产安全的成熟考量。大国要积极发挥自身作用，坚持公道正义，始终做解决国际冲突争端的推动者、贡献者，坚持根据当事国需要和愿望，尽自身最大努力实现劝和促谈、斡旋调停，做国际社会和平安宁的坚定维护者。

第六，坚持统筹维护传统领域和非传统领域安全。当今世界，安全的内涵和外延更加丰富，呈现更加突出的联动性、跨国性、多样性，传统安全威胁和非传统安全威胁相互交织。然而，我们不难发现，在传统安全和非传统安全威胁涌现的背后，都有霸权主义、单边主义、冷战思维、强权政治的影子，挥之不去，如同梦魇一般寄生于人类社会安全有机体之上。只有坚持共商、共建、共享的全球治理观，全力凝聚世界各国共识，集中国际社会一切爱好和平的力量，与霸权主义、冷战思维等有害因素划清界限，共同应对人类社会面临的安全问题，才能最终营造一个和平安宁的国际安全大环境。

全球安全倡议为维护世界的和平发展作出了重要贡献。"安危不贰其志，险易不革其心。"矛盾并不可怕，正是矛盾推动人类社会发展前进。当今，国际社会安全形势看似"乱云飞渡"，实则逻辑清晰。全球安全倡议就是中国为破解全球安全困境、应对安全挑战提出的科学方案，它彻底摒弃了传统西方地缘政治安全理论的狭隘性，蕴含着中华优秀传统文化对于"天下大同"的智慧思考和崇高追求，是践行人类命运共同体理念的生动体现，对于维护世界的和平发展事业具有重要意义。

全球安全倡议实现了对传统西方地缘政治安全理论的扬弃与超越。自从资本主义将一切地方的和民族性的生产转变为世界范围内的大生产以来，人类所赖以生存的"感性世界"就被日益按照其本来面貌所塑造。作为资本主义的历史性"鼓吹者"，西方资产阶级在将资本主义生产方式带向全世界的同时，更把维护它的合法地位的有力工具——资本主义意识形态推广至资本所触及的每一寸土地，西方地缘政治安全理论就是其重要组成部分之一。现今影响力较大、流传范围较广的传统西方地缘政治安全理论派别主要有三个，分别是安全困境理论、修昔底德陷阱理论和金德尔伯格陷阱理论。这些理论是用来解释霸权主义、强权政治存在合理性的"抽象教条"，其在字里行间中所透露出来的狭隘的阶级偏见，将资产阶级为自身罪行做合理辩护的最伪善的、无耻的、不道德的动机暴露无遗，缺乏最基本的科学性。

全球安全倡议秉持人类命运共同体的宏大视域，站在全人类普遍安全、共同安全的历史高度，向国际社会发出中国坚定维护世界和平与发展的时代强音。它始终着眼于构建"真正的人类社会"这一终极目标，从人类共同福祉角度出发，从国际主义角度出发，提倡用对话协商代替武力冲突、用合作共赢代替零和博弈、用交流互鉴代替"闭门造车"，从根本上否定了西方政治哲学基于人性本恶论、社会达尔文主义的错误发展路线。全球安全倡议为国际社会找到了一条能够真正实现国与国、人与社会之间矛盾问题化解的科学之路，走出了国际社会所"必然"面临的安全困境、填平了预言"战争不可避免"的"修昔底德陷阱"、医治了"金德尔伯格陷阱"的历史性"胡言乱语"，完成了对带有阶级偏见的传统西方地缘政治安全理论的超越与扬弃。

全球安全倡议的提出，打破了西方话语在全球安全治理领域中长期占据主导地位的局面，它标志着世界上一切爱好和平与发展的力量必将战胜霸权势力的坚定决心和历史必然，是人类社会坚持"正义必胜、和平必胜、人民必胜"伟大历史真理的时代明证。

全球安全倡议全面彰显中华优秀传统文化的天下情怀。中国拥有一万年的文化史、五千多年的文明史，其中对于和平的向往与追求，是中华文明永恒不变的历史主题。这一点，从中国古人对于战争的态度中即可略知一二。例如，老子素来持有"慎战"态度，《道德经》中有云："以道佐人主者，不以兵强天下"，"兵者，不祥之器"。《管子·侈靡》言道："兵强而无义者，残。"国家军事力量强大但却不行正义之事，则其带来的只有无穷的祸患。《孙子兵法》有云："兵者，国之大事，死生之地，存亡之道，不可不察也。"战争是国家的大事，关乎着军队、百姓的生死安危，国家的存亡，必须谨慎考察详细论证、研究。再如，《荀子·议兵》指出："彼兵者，所以禁暴除害也，非争夺也。"用兵之人，应当懂得发挥军队的本职作用，实现止暴治乱、消除邪恶危害，而不是单纯用来争夺资源。中国兵家、法家等学派以及历朝历代的众多哲人皆对战争持谨慎态度，认为只有不得不战时才可付诸剑戟，和平理应是国家和人民永恒追寻的历史主题，"协和万邦""天下大同""和衷共济"才是人类社会本该建立的世界秩序。

中国式现代化生发于中华优秀传统文化，充分继承和发扬传统文化中"和合""止戈""仁义"等核心价值主张，坚持走和平发展道路，绝不走对外殖民扩张的现代化老路，始终奉行防御性国防政策，永不称霸、永不扩张、永不谋求势力范围。中国式现代化推动构建人类命运共同体，注重宣扬全人类共同价值，做世界和平事业的建设人和推动者，主张"亲仁善邻"而非"以邻为壑"，"同舟共济"而非"落井下石"，坚持与世界各国一道，共同建设一个持久和平、普遍安全的世界。作为中国式现代化的时代产物，全球安全倡议承载着中华优秀传统文化的"和合"智慧，为国际社会走出安全困境、破解和平难题提供了中国方案，它必将在化解全球安全治理难题，推动构建人类安全共同体的历史进程中发挥不可磨灭的引领作用。

全球安全倡议为人类命运共同体理论注入崭新时代内涵。第二次世界大战结束后，历史的剧本并没有按照人类"预先"编排好的内容来书写，世界各国人民所祈盼的持久和平、共建繁华盛世的美好愿景没有在现实中上演，相反是在对抗与战火中化为泡影，最终成为"镜中花""水中月"。长达近半个世纪的冷战对抗，让人类社会染上了沉重的不安与对抗情绪，而从20世纪90年代初开始，由美国一手策划并直接参与的海湾战争、阿富汗战争、伊拉克战争、利比亚战争、叙利亚战争，更是让人类社会这个有机体患上了严重的疾病，出现了多种并发症。值此世界危难之际，中国向国际社会发出全球安全倡议，为消弭局部冲突对抗，实现世界持久和平安宁指明了新方向，提供了新路径，极大丰富了人类命运共同体理念的安全内涵。

全球安全倡议以"六个坚持"为核心要义，它们"彼此联系，相互呼应，既有顶层设计的宏观思维，又有解决实际问题的方法路径，是辩证统一的有机整体"[①]。其中，坚持共同、综合、合作、可持续的安全观是保障人类生存安全，维护国际社会发展稳定的总前提，是构筑安全共同体的核心理念指引，是在安全治理层面上对人类命运共同体理念作出的重大理论思维创新。坚持尊重各国主权、领土完整，坚持遵守联合国宪章宗旨和原则，坚持重视各国合理安全关切是构筑人类安全共同体的基本原则要求。坚持通过对话协商以和平方式解决国家间的分歧和争端是构筑人类安全共同体的具体实践路径。坚持统筹维护传统领域和非传统领域安全是推动全球安全矛盾问题运动，成功走出安全治理困境所必须运用的重要思维方式，是构筑人类安全共同体过程中的重大方法论创新。全球安全倡议逻辑严谨、自成体系，是人类

---

① 《共同迈向持久和平、普遍安全的美好明天》，《人民日报》2023年2月22日。

命运共同体理念在全球安全治理领域的最新理论创新和实践发展成果，极大地丰富了现有人类命运共同体理论的科学内涵，必将在构筑普遍安全、共同安全的世界进程中发挥重要智慧引领作用。

"道阻且长，行则将至；行而不辍，未来可期。"人类文明的发展史，就是一部与矛盾困难作斗争的历史。人类社会虽历经风霜雨雪甚至惊涛骇浪之考验，但从大历史观的视野来看，还没有任何一次磨难能够将人类的和平意志击垮、让人类文明的传承中断。如今，世界又一次站在历史的十字路口，面对世界之问、时代之问，中国共产党和中国人民坚定站在历史正确的一边，站在人类进步的一边，向国际社会发出全球安全倡议，为解决"四大赤字"问题贡献中国智慧、提供中国方案。世界各国唯有携起手来，切实践行全球安全倡议，才能将"和平安宁"的世界图景变为现实，才能为人类文明的延续和发展创造无限可能。

（三）点燃人类文明之光

人类社会走向现代化的历史，就是一部人类文明交流互鉴、繁荣与共的历史。在民族史、地方史转向世界史的历史进程中，促进不同文明之间的包容共存、和合共生，既是人类文明发展的客观规律，也是推进现代化进程、破解现代性困境的必然要求。2023年3月15日，习近平总书记在中国共产党与世界政党高层对话会上的主旨讲话中提出了全球文明倡议，为推动文明交流互鉴、促进人类文明进步，更好推进人类社会现代化进程提供了核心理念引领和实践路径指南。全球文明倡议是在中国共产党领导推进中国式现代化的进程中应运而生的时代产物，内含中华文明解决当今世界文明困境、应对文明挑战的独特智慧，是继全球发展倡议、全球安全倡议之后，新时代中国向国际社会提供的又一重要公共产品。

全球文明倡议指明了文明融合共生的鲜活路径。长期以来，个别西方资本主义国家奉行霸权主义、"零和博弈"，秉持冷战思维，鼓吹"文明冲突论""文明优越论"，蓄意制造文明隔阂，挑起国际争端，使得国际社会陷入严重的对抗冲突，产生了一系列影响和威胁人类生存和发展的矛盾问题，导致世界深陷危机和不安之中，迟滞了人类社会走向现代化的整体进程。然而，在全球化加速推进的历史背景下，人类社会一荣俱荣、一损俱损的特征愈发凸显。这特别需要国际社会紧密团结起来，共同应对现代化进程中出现的风险挑战。为此，习近平总书记提出以"四个共同倡导"为核心内涵的全球文明倡议。

共同倡导尊重世界文明多样性。"一花独放不是春，百花齐放春满园。"文明的多样性彰显着文明的独特魅力。尊重世界文明的多样性、自觉借鉴吸收不同文明的内在优点，既是永葆文明生机活力，促进其实现创造性转化、创新性发展的必然要求，也是更好推进基于世界各国具体实际之上的现代化进程的内在需要。由中国式现代化创造的人类文明新形态之所以展现出强大的生命力、包容性和先进性，就在于广泛借鉴吸收一切人类优秀文明成果。反观以美国为首的部分西方国家，在国际交往中大肆吹捧"文明冲突论""文明优越论"，人为制造"文明隔阂"，其结果只能是陷自身文明发展于狭小境地，难逃被历史所"终结"之命运。为此，我们必须坚持文明平等、互鉴、对话、包容，以文明交流超越文明隔阂、以文明互鉴超越文明冲突、以文明包容超越文明优越，共同推进世界文明百花园的繁荣发展。

共同倡导弘扬全人类共同价值。人类社会走向世界历史时代必然呼唤共同价值。全球文明倡议弘扬和平、发展、公平、正义、民主、自由的全人类共同价值，反映着世界各国特别是众多希望保持自身独立性的发展中国家在实现现代化过程中所不懈追求的价值内核。其中，和平、发展是世界各国推进现代化建设的必要前提。没有安全作为核心前提的发展不能实现，没有发展作为稳定支撑的安全不能长久。一个稳定的外部安全环境对于每一个推进现代化建设的国家来说都是不可或缺的前提，而国家自身的长足发展可以有效减少和阻断不稳定因素外流，对于巩固维护国际和平环境具有重要作用。坚持走和平、发展的现代化新路而不是对外侵略扩张、向他国输出战争和灾难的现代化老路，是全人类的共同事业。公平、正义是世界各国推进现代化建设的必要原则。民主、自由是世界各国推进现代化建设的目标追求。从最高价值导向方面来看，全人类共同价值内含对于实现人的自由全面发展和人类解放的崇高追求，具有共产主义社会属性。全人类共同价值倡导世界各国的和平发展，致力于实现人类共同的价值追求，为加快推进人类社会现代化建设、促进文明之间的交流互鉴提供了价值引领。我们必须坚定弘扬全人类共同价值，以宽广胸怀理解不同文明对价值内涵的认识，不将自己的价值观和模式强加于人，不搞意识形态对抗，坚持以包容的心态看待世界文明。

共同倡导重视文明传承和创新。一个国家或民族文明的延续与发展是随着物质生产力水平的提升而时刻进步着的。面对传统文化的传承问题，各国必须坚持批判继承、选择性地借鉴吸收，将落后于时代发展、有悖于社会生产力提升的文化糟粕剔除，保留一切有利于本国现代化建设的优秀传统文化内涵，注重发挥其时代价值，为推进现代化建设贡献无穷智慧和力量。面对传统文化的发展问题，各国必须坚持守正创新，不断赋予优秀传统文化以时代气息、现代特色，在现代化进程中实现创造性转化、创新性发展，不断强化自身与其他文化之间的交流互鉴，共同繁荣世界文明的百花园。

共同倡导加强国际人文交流合作。"有朋自远方来，不亦乐乎。"国际人文交流是促进交往双方经济发展、人文交流、政治互信、文明互鉴的重要渠道。注重国际人文交流，共同维护良好双边关系历来为世界各国所看重。当今时代背景下，增进国际人文交流有利于提升国与国之间的文明融合发展水平、经贸往来程度、战略互信高度，对营造和平发展国际大环境，追求公平、正义，实现自由、民主，加快人类社会现代化进程具有重要意义。为此，我们必须加快构建全球文明对话合作网络，丰富交流内容，拓展合作渠道，促进各国人民相知相亲，共同推进人类文明发展进步。

全球文明倡议为促进人类文明发展进步作出了重要贡献。全球文明倡议作为中国式现代化的时代产物，内在体现了人类文明新形态对于资本主义文明形态的超越与扬弃，验证了科学社会主义理论的强大生机活力，加速了人类社会迈向共产主义的历史进程，全面彰显了中国式现代化的文明魅力。

全球文明倡议实现了对资本主义文明形态的历史性超越。从表面来看，人类文明新形态凸显模式之"新"。中国式现代化道路不同于西方现代化道路，是由中国共产党开辟出来的符合中国具体实际的现代化新路，打破了"现代化=西方化"的话语霸权。从深层次看，人类文明新形态则实现了对资本主义文明形态的历史性超越。在人类社会走向现代化的过程中，现代性问题是每一个国家或民族在推进现代化时都必须面对的重大问题。由西方现代化所开创的资本主义文明形态，具有"天然的设计缺陷"，必然导致无法调和或化解的现代性矛盾。与资本主义文明形态相比，由中国式现代化创造的人类文明新形态原创性地解决了旧文明形态所面临的现代性困境，全面彰显了社会主义文明形态的优越性和先进性。

全球文明倡议充分验证了科学社会主义理论的强大生机活力。马克思主义认为，人类社会发展的核心问题是人与自然、人与社会和人与自身的矛盾问题，实现这三对矛盾问题的解决是人类社会发展的终极目标。一方面，人类文明新形态在解决人与自然的矛盾问题上更具科学性。在资本主义社会中，资本出于对增殖的需要，会不可避免地将自然界中的一切要素纳入到自身的增殖体系，从而对自然界造成巨大破坏，遭到大自然的猛烈报复。而人类文明新形态内含绿色发展理念，致力于推动构建人与自然生命共同体，将促进人与自然的和谐共生作为推动现代化建设的本质要求，走出了一条人与自然相"和解"的可持续发展道路。另一方面，人类文明新形态在处理人与社会的矛盾问题上更具优势。由资本主义所有制关系所决定的产品生产和占有的方式具有明显的历史局限性，必将带来两极分化。而人类文明新形态致力于实现全体中国人民的共同富裕，坚持现代化发展成果由全体人民共享，有效缓和、解决了人与社会之间的矛盾问题。再一方面，人类文明新形态在推动解决人与自身的矛盾问题上更具创造性。在资本主义生产方式下，人的劳动是以一种"异化"方式存在着，是受"异己"力量支配的"雇佣劳动"，它标志着人与自己"本质"的分离。人类文明新形态坚持以社会主义核心价值观为价值追求，掌握了个体与整体之间矛盾关系的辩证法，创新了人与自己"本质"相统一的实践方法。人类文明新形态充分彰显了科学社会主义理论的强大生机活力。

总之，作为中国式现代化的时代产物，全球发展倡议、全球安全倡议和全球文明倡议是新时代中国为解决人类社会所面临的"四大赤字"问题、"现代化之问"而向国际社会提供的重要公共产品，是践行人类命运共同体理念的生动呈现，是中国向国际社会提供的解决"现代化之问"的中国方案。"三大倡议"的提出体现了中国维护世界和平发展事业的坚定决心、改革和建设全球治理体系的顽强意志、提高全球安全治理能力的长远考量，其必将在人类社会现代化进程中发挥重大引领作用、贡献核心力量。

四、构建人类命运共同体

"大道不孤，天下一家。"在人类社会走向现代化的今天，在民族史向世界历史跨越的当下，任何民族国家性质的事情都更凸显其全球效应，任何世界范围内的焦点事件都对每个国家影响至深。构建人类命运共同体是中国共产党为解答世界之问、时代之问、现代化之问而向国际社会提出的中国方案，是有效应对全球性问题、走出全球治理困境的科学之举，更是顺应世界历史发展潮流，开创人类文明形态演进新纪元的必然抉择，充分彰显了中国共产党人坚持人民至上的哲学旨意，坚持立己达人、胸怀天下的理念情怀，实现了集真理尺度和价值尺度的高度统一。推动构建人类命运共同体，既是中国式现代化的本质要求之一，也是世界上一切爱好和平、追求美好生活的人民的共同向往，必须始终遵守相关基本原则，坚持实干为要，将打造一个"持久和平、普遍安全、共同繁荣、开放包容、清洁美丽"的世界——这个带有

"真正的人类社会"色彩的"大同之境"作为自身建设的未来图景。

(一) 建设一个持久和平的世界

和平是确保世界各国人民正常开展生产生活的必要前提，是国际社会最稀缺和最宝贵的公共资源。少数西方国家凭借先发优势，依靠对外殖民扩张和在世界范围内疯狂掠夺发展资源的现代化老路，给广大发展中国家和人民带去了无尽的苦难和梦魇，令天下苍生蒙难、人类文明蒙尘。特别是从第二次世界大战结束以来，霸权主义的泛滥加速撕裂了国与国之间、民族与民族之间的相互关系，世界各国人民所祈盼的持久和平、共建繁华盛世的美好愿景没有在现实中上演，相反是在对抗与战火中化为泡影。

历史和现实反复证明，在国际交往中和则两利、斗则两败俱伤。坚持对话协商才是促进国家之间健康交往的唯一正确出路。各国要相互尊重、平等协商，坚决摒弃冷战思维和强权政治。大国要在相互尊重的基础上管控矛盾分歧，平等对待小国，不搞唯我独尊、强买强卖的霸道；决不能动辄以进行"民主""人权"改造等虚假借口为由行损害他国主权、安全和正当发展利益之实；决不能肆意发动战争，破坏国际法治；决不能开启潘多拉的盒子。世界各国要高举全人类共同价值的正义大旗，共同维护这来之不易的普遍和平局面，努力建设一个持久和平的世界。

(二) 建设一个普遍安全的世界

当今，世界变局百年未有，国际社会动荡变革态势日益加剧，各种传统领域和非传统领域安全挑战层出不穷。大国战略竞争加剧，使得全球安全形势的不稳定性、不确定性增加，全世界人民都在关注国际安全局势究竟会向何处发展，是继续奉行"丛林法则"，走零和博弈的老路，还是转向合作共赢，走筑牢安全共同体的新路？世界各国人民都在努力寻找答案，国际社会迫切需要中国贡献自身智慧，看到中国方案，听到中国声音。

当前，人类社会除了要面对纷繁复杂的传统安全威胁以外，更要迎接非传统安全威胁带来的巨大挑战。非传统安全威胁覆盖范围广泛，包括但不限于经济危机、粮食危机、难民危机、恐怖主义危机，公共卫生安全、生态安全和网络通信安全威胁等。例如，在公共卫生领域，一场世界大流行的新冠疫情给各国人民生命健康安全带来严重威胁，给各国医疗体系带来前所未有的冲击与考验，非典、埃博拉病毒、甲流等疾病曾经也给世界上不少国家的民众造成影响。在经济领域，2008年曾爆发过波及全球的金融危机，给世界各国经济发展普遍带来了难以想象的毁灭与打击。在网络通信领域，国际上曾经出现过次数众多的大规模黑客入侵事件，美国政府被媒体曝出过"棱镜门"事件等。在生态领域，全球气候变暖导致海平面上升，地震、洪灾、海啸、火山喷发等极端灾害时有发生。由此可以看出，非传统安全威胁具有明显的跨国性、全球性、系统性，这些矛盾必须通过多方合作的形式才能得到良好解决。目前全球安全治理体系面临严峻挑战，多边主义建设遭受个别霸权主义国家的阻挠与干扰，铸就人类安全共同体的任务依旧任重道远。这迫切需要国际社会各利益攸关方秉持共商共建共享的全球治理观，在全球安全治理过程中齐心协力、风雨同舟，共同建设一个普遍安全的世界。

（三）建设一个共同繁荣的世界

发展是第一要务。各国要同舟共济，而不是以邻为壑。如果奉行你输我赢、赢者通吃的老一套逻辑，结果必然是封上了别人的门，也堵上了自己的路。当前以美国为首的西方发达资本主义国家出于大国竞争的战略目的，推行逆全球化，鼓吹贸易保护主义、民族主义，实行制造业回流、贸易保护主义等反对经济全球化的措施，尽一切所能寻求与中国经济之间的"脱钩断链"，肆意破坏国际经济交往合作基础，冲击合作共赢的全球发展理念，并且将全球经济发展政治化、军事化，不断挑起国家、地区间冲突，肆意遏制其他国家和平发展道路，在极大程度上延缓了后疫情时代的全球经济复苏。此外，伴随疫情、局部战争等"黑天鹅""灰犀牛"事件的集中出现，由资本主义所有制关系决定的收入分配不平等不平衡问题进一步凸显，部分国家内部不同人群之间、不同国家之间的收入分配差距呈现扩大化趋势。南北国家之间的发展鸿沟进一步拉大，一些发展中国家相较于发达国家，经济增长态势更显疲软，发展前景不容乐观。马克思主义认为经济全球化是世界历史发展的必然趋势，不以任何人、任何势力的意志为转移。在当前"你中有我、我中有你"的世界一体化发展格局下，各国唯有坚持携手共进、合作共赢，切实推进开放、包容、普惠、平衡、共赢的经济全球化进程，才能实现人类社会的共同发展和普遍繁荣。在实践方面，我们要继续毫不动摇推进"一带一路"建设，努力为周边国家提供更为广阔的合作空间和发展机遇，将"一带一路"打造成惠及沿途国家和地区的经济繁荣路和生活幸福带，让更多国家和人民共享中国式现代化建设的发展红利，搭乘经济全球化的贸易快车，推动世界各国发展繁荣，让发展成果惠及世界各国，让人人享有富足安康，建设一个共同繁荣的世界。

（四）建设一个开放包容的世界

文明的繁盛、人类的进步，离不开求同存异、开放包容，离不开文明交流、互学互鉴。在唯物史观视域中，世界文明的多元化特征是由人类实践活动的多样性所决定的，是"人化世界"的必然结果。据统计，当今世界共有200多个国家和地区，民族数量为2500多个，语言类型多至6000余种。文明多元共生、融合发展是人类社会持续演进的历史必然。从古至今，人类文明的交织互鉴向来是与自身生产活动的轨迹深刻绑定的。以中国为例，古丝绸之路的开辟为东西方经贸往来、文明交流互鉴创造了良机，郑和下西洋的历史壮举为促进世界各民族国家和地区的文化交流、外交活动、经济繁荣等奠定了基础。诞生于古代中国的四大发明经由阿拉伯国家传至欧洲，极大地加速了欧洲社会科技、经济、政治、文化、艺术、哲学、宗教等诸多领域的繁荣与发展，间接推动了文艺复兴和宗教改革运动，对于加速欧洲地区的思想解放和政治解放具有重大作用。总而言之，文明的深度融合是人类社会发展进步的历史常态，是人类社会生产力不断提高的必然结果，是不以任何人的主观意志为转移的客观规律。承认、尊重和拥护人类文明的多样性，基于平等、友好、谦逊的态度不断加强文明之间的互学互鉴，既是推动人类文明发展进步的正确方向，也是更好维护人类社会和平稳定发展的深层需要。

每一种文明都是一个国家和民族的人民在长期的生产活动中总结和凝聚而成的智慧结晶，代表着广大群众对生活在其中的世界以及自身与世界关系的根本看法和总的观点，其发展和延续必须顺应历史潮流、遵守文明演进之"道法"。少数国家企图将自身文明的"价值主张"和所蕴含的意识形态强加于其他文明之上，这种"尝试"是逆历史发展铁律而动的徒劳之举，注定要被时代所审判，被人民所唾弃。不同文明之间只有坚持交流互鉴、融合发展，不断赋予自身以历史的精华、时代的气息、文化内涵的多样性，才能持续提升文明的成熟度、开放性和包容性，赋予人类文明发展以全新的样式和向度，为构筑一个开放包容的新世界提供先进文明底蕴支撑。

（五）建设一个清洁美丽的世界

人是自然界的产物、自然界是人的无机身体，人与自然本是生命共同体。但是，西方现代化先发国家却将自然界视为攫取剩余价值的天然源泉，对生态环境和自然资源进行疯狂破坏和肆意开采，一度产生了世所震惊、史所未见的"世界八大公害事件"，造成了人与自然关系的极端紧张和严重撕裂，也为人类社会发展留下了难以彻底愈合的"后天"创伤。历史和实践证明，这种追求物质文明单向度发展的现代化模式，是以自然环境的巨大破坏为代价的，其修复成本是难以估量的，注定是不可持续的、自绝后路的和贻害无穷的，是终究要被抛到历史演进的故纸堆中去的。唯有坚持和谐共生才是"自然之法"。在生态环境保护方面，必须在最大限度上凝聚世界各国共识，坚持将"绿水青山就是金山银山"的理念贯穿于人类社会生产活动的各领域全过程，倡导采取绿色、低碳、循环、可持续的生产生活方式，在世界范围内稳步开展碳达峰碳中和行动，平衡推进联合国2023年可持续发展议程。建立科学有效的全球生态环境治理体系，努力在应对气候变化、自然灾害等方面达成更多的国际社会共识，加快构筑尊崇自然、绿色发展的生态体系，保护好人类赖以生存的地球家园，尽世界各国之力共筑一个清洁美丽的世界。

中国式现代化的成功实践，彻底打破了西方现代化道路一元论的"话语霸权"和"模式霸权"，全方位解构了由少数西方发达国家主导的世界现代化格局，为人类社会走向现代化提供了全新路径选择与可能性。面对攸关全体人类生存与发展的共同问题和国际社会普遍面临的全球治理挑战，中国式现代化提出构建人类命运共同体这一宏大理论设想，通过坚持走和平发展道路，构建新型国际关系，落实全球发展倡议、全球安全倡议、全球文明倡议等，进一步丰富和发展了人类命运共同体思想的内涵和外延，为解决国际社会所面临的世界之问、现代化之问提供了科学理论阐释和实践路径指引，为推动人类社会走向现代化、促进实现人的自由全面发展和人类解放创造了现实可能。

第五章

中国式现代化之世界观的重要意义

中国式现代化之世界观，形成于中国共产党领导中国人民的百年奋斗实践中，是中国观世界的方式，是理论认识和行为方式的总开关，为解决时代难题提供新回应，为推进现代化理论创新提供新认识，为推进现代化实践提供新方法，为把握现代世界提供新视野，在中国式现代化世界观的指导下，各具特色的现代化事业将汇聚成世界繁荣进步的时代洪流，在历史长河中滚滚向前、永续发展！

一、为解决时代难题提供新回应

人类社会的发展总是伴随着各种各样的时代问题，不解决这些问题便无法实现进步。在现代化的凯歌前行过程中，也会因进步带来各种新的问题和挑战，越是进入更高的发展阶段，与之相伴的问题就越复杂、越难以应对。与历史上任何一个时期相比，当前人类社会现代化发展到了一个更高的阶段，取得了显著的成绩，现代化成果愈发真实可感，但是，也面临重重困难。人类社会现代化处于新的历史转折点，进入新的迷茫期，"世界现代化向何处去""我们究竟需要什么样的现代化？怎样才能实现现代化？"等问题，不断考问着当代人。能否科学回答世界现代化发展中不断出现的新问题并有效解决预见到的风险关乎世界人民的未来，关乎世界现代化的成败。当人们希望从已经实现现代化的国家那里找到问题解决之道时，我们发现那些曾被奉为圭臬的西方式现代化理念、主张和方案不但难以为应对挑战、化解危机提供"灵丹妙药"，甚至其本身就是世界现代化的挑战。

伟大时代呼唤伟大精神，伟大时代孕育伟大理论。中国共产党和中国人民立时代之潮头、发时代之先声、与时代同呼吸、共命运，剖析现时代面临的重大问题，总结中国数十年的现代化实践经验，反思百余年的世界现代化问题和矛盾，科学回答世界现代化之问，为化解时代难题传递了中国观念、表明了中国态度、提供了中国智慧、贡献了中国方案。

当前，世界百年未有之大变局加速演进，这场变局不限于一时一事、一国一域，而是深刻而宏阔的世界之变、时代之变、历史之变。世界经济复苏艰难、发展鸿沟不断拉大、生态环境持续恶化、冷战思维阴魂不散等问题是世界各国推进现代化进程必须应对的时代挑战，和平赤字、发展赤字、安全赤字、治理赤字愈发严重，不确定、难预料因素明显增多。世界现代化面临着前所未有的挑战，科学回答、主动应对时代发展中的问题和挑战，是实现人类社会现代化这一美好目标的关键一步，如果走得好、走得稳，世界将得以更好发展，人类社会将更加进步。中国始终胸怀天下，心系世界人民的前途命运，在发展自身的同时，不断向世界表明中国的处世态度，提出解决时代问题、推进现代化发展的世界方案，以自身的现代化发展辉煌成就为解决当前人类社会现代化发展中的人口挑战、发展危机、生态危机、文明冲突危机、治理危机等问题提供理念原则、实践经验、行动主张，为解决时代问题提供可感可知的世界观和方法论。

（一）为应对人口挑战提供新视角

现代化的本质是人的现代化，实现全人类的现代化是全世界人民的共同追求。时至今日，全球有20多个国家、10亿左右人口实现了现代化，而这只是世界人口的一小部分。"人口规模巨大""全体人民共同富裕"是中国式现代化的本质特征，也应当是人类社会现代化的重要尺度。简言之，在实现全人类共同目标的征程上，任何一个国家、任何一个人都不能掉队，如果只有少数国家、地区或者一个国家的少数人达到了现代化的标准，则并非实现真正意义上的现代化。因而，实现人类社会现代化要求世界80多亿人口整体迈进现代化。然而，要完成这一人类发展史上前所未有的大事，对世界各个国家来说，都是一项艰巨的挑战。就中国而言，我国人口发展呈现少子化、老龄化、区域人口增减分化的趋势性特征，这是我国人口发展的新形势，也是世界性的人口发展趋势，如何将人口高质量发展同人口高品质生活紧密结合起来是我们必须解决的时代问题。除此之外，人们还必须应对人口规模巨大所带来的挑战，任何再小的问题，乘以14亿乃至80亿，都会变得不可估量、难以掌控。中国14亿人口总体迈进现代化社会，规模超过现有发达国家人口的总和，艰巨性和复杂性前所未有，世界80亿人口共同实现现代化，其挑战和困难也前所未有、难以估量。

  实现全人类现代化绝不是轻轻松松、敲锣打鼓就能实现的，也不是一马平川、朝夕之间就能达到的。以习近平同志为核心的党中央坚持唯物史观的基本立场、观点，积极回应人民之问，正确看待人口发展的新形势，着眼现代化的要求，坚持人民至上原则，以人口高质量发展支撑现代化。中国用几十年的时间走完了资本主义国家几百年走过的道路，创造了经济快速发展和社会长期稳定的两大奇迹，一个重要的原因是我们党坚持走群众路线，一切为了人民，一切依靠人民，以人民为中心推进现代化。正是在中国人民的团结奋斗下，我们才实现一个又一个的现代化目标，也因为中国共产党始终以人的自由全面发展为根本目标，所以中国式现代化在行进途中从未偏离航向。

坚持人民至上原则是中国式现代化取得显著成就的密钥，也是中国解决时代之问的世界观和方法论。习近平总书记多次向世界阐明，"现代化道路最终能否走得通、行得稳，关键要看是否坚持以人民为中心"①。人类社会现代化的目标能否最终实现，关键要看能否汇聚起全人类的共同力量，是否符合全人类的共同利益。具体而言，人民是历史的创造者，也是时代的创造者，世界各国人民共同创造了当今的人类社会，"人口规模巨大"并非只是挑战，更是促进发展的力量，任何微小的力量乘以14亿乃至80亿，都会形成排山倒海之势。因而，不论现在还是未来，要实现人类社会现代化的目标，必将依靠人民的力量开创新的辉煌，将"人口规模巨大"所带来的挑战转化为人口优势和力量。除此之外，人民至上的原则立场还要求现代化的发展要符合全人类的共同利益，现代化的本质是人的现代化，唯有选择符合全人类共同利益的正确方向，现代化发展才能蹄疾步稳。

实现人的现代化的目标符合人类社会发展规律，是人类的共同追求，需要世界各国政党团结起来，坚持人民至上，为解决时代难题凝智聚力。中国共产党始终高度重视和世界政党、世界人民的团结协作，在2023年的中国共产党与世界政党高层对话会上，习近平总书记发表"携手同行现代化之路"的主旨讲话，深切希望各国政党加强交流合作，携手同行现代化之路，在推动人类命运共同体的大道上阔步前进。概言之，中国共产党在以人为本、团结协作等世界观的指导下，科学认识人的现代化的目标、正确把握发展中的难题，辩证地、积极地看待"人口规模巨大"这一重要特质，坚持人民至上原则，号召世界各国政党凝聚人民

---

①习近平：《携手同行现代化之路——在中国共产党与世界政党高层对话会上的主旨讲话》，《人民日报》2023年3月16日。

力量，共同开创全人类的现代化伟业。

（二）为化解文明冲突提供新思维

文明冲突、制度挑战事关安全问题，如果解决不好，人类社会现代化这一崇高事业就难以顺利推进。当前，文明冲突不断升级，正在挑战着现有的现代化发展秩序。文明冲突论产生于世界现代化格局的变迁之下，体现了西方的霸权焦虑和现实关切，其本质是西方中心主义世界观的一种反映和表达。西方现代化肇始于欧洲，现代文明最早诞生于此，一些欧洲国家成为世界文明进步的领航者。长此以往，在西方现代化的语境中，西方文明就代表着现代文明，西方现代化就是全球所有国家现代化的共同归宿，成熟的资本主义社会就是人类文明的最终形态。一些西方国家长期秉持着"文明优势""西方中心主义"的世界观，不仅将西方文明视为"先进"，还将西方的经济体系、社会制度、政治秩序贴上"世界范本"的标签。这一错误的世界观造成了一系列时代问题，在一定程度上阻碍了人类社会现代化的共同进步。

伴随着资本主义现代化的全球扩张，历史向世界历史转变，不同国家的交流增多，多元文化间的互动不可避免地发生着。但是，秉持着"西方中心主义"世界观的国家，鼓吹文明冲突、文明优越，盲目夸大文化间的差异，将不同于自身的文明、社会制度、现代化模式视为"异类"。某些西方国家曾将拉美国家视为其现代化的"卫星国""附庸国"，并颐指气使地指责那些异己的现代化模式，甚至强制打压异己的现代化理念、文明观念、社会制度，企图以单一文明一统天下。这种文化霸权主义、中心主义的世界观和行为已经成为现代化的巨大障碍和挑战，历史和现实都证明，傲慢和偏见是文明交流互鉴的最大障碍。

中国式现代化蕴含着和合共生的精神品格、开放包容的文明理念、天下大同的世界眼光，摒弃了短视封闭、自以为是的狭隘世界观，为化解文明冲突的时代矛盾提供了科学的价值导向，为引领世界各国在尊重文化差异中推进文明交流互鉴提供了理性的世界观。中国共产党和中国人民深知封闭自守、夜郎自大的恶果，在推进中国式现代化的过程中，始终坚持平等、包容、尊重、和合的理念，开展跨国界、跨时空、跨文明的交流互鉴活动，在互学互鉴中，取长补短、共同成长。在各国前途命运紧密相连的今天，人与人、国与国之间交流的广度和深度都达到了前所未有的程度，人们必须摆脱西方中心主义世界观的辖制，清醒地认识不同文明间的关系、不同现代化模式的关系，在相互尊重、开放包容、互学互鉴中，实现人类文明共同繁荣。中国式现代化世界观符合人类文明进步规律，蕴含着解决文明冲突的时代问题的科学之道。我们党以人类情怀，多次表明中国态度，希望凝聚人们的集体认同，将修睦合作的薪火世代传承下去，并提出具体可行的方案——全球文明倡议，倡导尊重世界文明多样性、弘扬全人类共同价值、重视文明传承和创新、加强国际人文交流合作，期盼化解文明冲突，让文明交流互鉴成为增进各国人民友谊的桥梁、推动人类社会进步的动力、维护世界和平的纽带。始终用比海洋和天空更宽广的胸怀，包容世界各国的文明差异，尊重世界各国现代化的道路选择，坚决不盲目输入别国模式，也不强制输出"中国模式"，不将自己的世界观和方法论强加于人，团结世界各国共同促进人类社会现代化发展进步。

总之，中国式现代化蕴含的世界观为现代文明的多样化发展提供了科学的价值指引，有助于提振世界其他发展中国家探索符合自身文明基因的现代化道路之信心，有利于平等、包容、合作的人类文明之光永恒闪耀，让世界文明百花园姹紫嫣红、生机盎然。

（三）为解决生态危机提供新立场

　　生态环境持续恶化是当今世界面临的共性问题，是人类必须化解的时代危机。生态环境矛盾有一个历史积累过程，不是一天变坏的，而是人类日积月累的破坏性活动造成的。生态问题最早是伴随着工业革命出现的，西方现代化崇尚"资本至上"，在科学技术的加持下，拥有更多征服、统治自然的能力，为满足资本无限增殖的目的，将一切要素纳入资本增殖的环节，满足了人们不断增长的物质欲求、推动了资本主义现代化进程，但是无节制地开采、一味索取自然资源，引发了资源浪费、环境破坏等一系列不可逆的问题。伴随着世界现代化的发展，西方发达国家不断在全球范围内掠夺资源、转移环境污染，生态环境持续恶化已经成为现时代的世界性难题。而曾秉持"先污染，后治理"的现代化观念的西方发达国家，在实现现代化之后，却千方百计地推卸生态环境治理的责任。作为世界第二大温室气体排放国的美国曾退出《巴黎协定》，这一行为的背后是"本土主义、反全球化"的世界观在作祟，拒绝承担责任与履行义务的行为令世界人民寒心。迄今为止，地球已经"伤痕累累"，全球变暖、臭氧层破坏、能源紧缺、森林资源锐减、海洋污染等问题已经严重影响了人类的生产与生活，成为阻碍世界现代化可持续发展的主要因素。

　　中国式现代化蕴含着人与自然和谐共生的观念和主张，为解决生态危机、推动世界现代化可持续发展提供了正确的价值引领。面对"竭泽而渔还是人与自然和谐共生"的现代化之问，世界历史已经给出了答案，竭泽而渔不可取，人与自然和谐共生才是真正的现代化之道，这也是以习近平同志为主要代表的中国共产党人对于时代之问的鲜明态度。习近平总书记曾指出："人类只有遵循自然规律才能有效防止在开发利用自然上走弯路，人类对大自然的伤害最终会伤及人类自身，这是无法抗拒的规律。"[1]党和人民对"人与自然"关系的认识不断深入，在实践上不断丰富，逐渐确立"人与自然和谐共生"的价值观念和方法论，"绿水青山就是金山银山"的理念深入人心，在正确价值观、世界观的指导下，我们党统筹推进"五位一体"总体布局，坚定不移走生态优先、绿色发展之路。

"人与自然和谐共生"的中国式现代化理念以及追求绿色发展的现代化实践正在赢得越来越多的国家的支持，为现代化永续发展提供了正确选择。中国共产党和中国人民深刻地认识到，人类生存在同一个地球上，世上没有绝对安全的世外桃源，面对复杂的、严峻的生态问题，单打独斗不行，推卸责任更不行。为解决全球性生态问题，以习近平同志为核心的党中央提出"生命共同体"理念，积极落实"双碳"计划，倡导世界各国突破狭隘的国家和地区的生态利益，共同建设美丽清洁的世界。中国共产党关于现代化发展与生态文明建设间关系的看法和观点蕴含着回答、解决世界现代化之问的基本立场和行为准则，正在影响着世界各国关于治理生态危机的态度。国际社会逐渐认识到，环境问题不是某一个国家特有的问题，而是世界性问题，一个民族、一个国家要想推进现代化进程，必须解决好生态问题。在中国式现代化世界观的引领下，越来越多的国家积极参与到建设人类的美好家园之中，为解决世界现代化进程中的生态危机贡献自身力量。

---

[1]《习近平谈治国理政》第3卷，外文出版社2020年版，第39页。

（四）为应对全球发展挑战提供新主张

迄今为止，西方发达国家的现代化历程已经有几百年，二战后的后发现代化国家的现代化探索史也已有数十年，世界现代化的整体水平达到前所未有的高度，同时人们也面临着从未有过的现代化发展难题。世界经济复苏失衡、发展鸿沟不断拉大、发展合作动能减弱、人类发展指数下降等发展赤字考验着当代每个国家的信心、勇气和担当。而在问题与挑战面前，一些国家筑起"小院高墙"，单边主义、保护主义不断抬头，热衷于"零和博弈"，通过遏制、打压他国发展以强化自身的实力，致力于维持自身的发展优势，这种狭隘的思维仍是"西方中心主义""文明优势"的世界观在作祟，不利于世界各国"各尽所能"以应对发展挑战、化解发展危机。

中国式现代化蕴含着共谋发展、共话未来的世界观，为破解全球性发展赤字提供了科学理念和行动方案。面对全球性的现代化发展难题，中国摒弃自私自利、个人主义的观念，以立己达人的世界观，谋求共同发展，不断铺路架桥，拉近各国人民之间的距离，共享现代化成果。"水涨船高，小河有水大河满，大家发展才能发展大家。"鲜明地表达着中国对现代化进程中的自我与他者的关系的看法和观点，昭示着中国对世界共同发展的期冀，向世界表明，中国愿以更好的自我发展，为世界共同发展提供中国机遇，为解决世界发展难题提供中国智慧与经验。

"力量不在胳膊上，而在团结上。"中国向来注重团结、合作。过去，我们既不掠夺别国一点资源，也不依附于强国发展，坚持独立自主，坚决摒弃侵占掠夺、国强必霸的落后的现代化观念，积极融入世界现代化发展潮流。而今，在全球发展处于瓶颈之时，我们分析问题根源，并提供破解之道。中国共产党认识到"以邻为壑、转嫁危机、损人利己"的现代化世界观和实践行为是加重世界现代化发展赤字的重要原因，习近平总书记向世界生动地阐释了当今世界的运行规律和国与国之间的关系，"国际社会发展到今天已经成为一部复杂精巧、有机一体的机器，拆掉一个零部件就会使整个机器运转面临严重困难，被拆的人会受损，拆的人也会受损"①。唯有世界各国树立共谋发展的观念，坚持普惠包容的发展原则，共同解决各国发展不平衡不充分的难题，携手走共同发展的现代化之路，世界才能更好发展。中国共产党在正确认识和把握世界各国关系的基础上，坚决反对任何损人利己、损人不利己的观念和行为，摒弃"画地为牢""筑墙设垒"的现代化观念，牢固树立起共享发展成果、共同攻克难关的世界观，并提出全球发展倡议，为解决世界现代化发展难题献出"修己安人、推己及人"的中国智慧与中国方案。

中国式现代化始终坚持人民至上、独立自主、守正创新、立己达人、奋发有为等立场原则，始终坚持走和平发展道路、积极构建新型国际关系、推进构建人类命运共同体、提出并落实三大全球倡议，正在并将持续为解决时代难题作出贡献，对引领国际合作以推进世界现代化更好发展具有重大意义。

二、为推进现代化理论创新提供新认识

习近平总书记在学习贯彻党的二十大精神研讨班开班式上发

---

①习近平：《携手迎接挑战，合作开创未来——在博鳌亚洲论坛2022年年会开幕式上的主旨演讲》，《人民日报》2022年4月22日。

表重要讲话，首次提出了中国式现代化蕴含着独特的世界观。这一世界观形成于中国共产党百年奋斗实践中，具有重要的理论意义，丰富、拓展了中国式现代化的理论体系，为全面超越西方现代化理论提供了新的理论支撑，为完善现代化理论提供了新的理论准备。

（一）新的理论贡献

中国式现代化理论体系是开放的、发展的理论体系，"事业越发展新情况新问题就越多，也就越需要我们在实践上大胆探索、在理论上不断突破"[①]。以习近平同志为核心的党中央提出中国式现代化蕴含有独特的世界观，丰富了对中国式现代化的认识，拓展了中国式现代化理论体系，使其在不断发展中焕发出强大生命力。

中国式现代化理论体系在现代化实践中不断得以确立并拓展。实现现代化是中国共产党和中国人民数十年的伟大梦想和一以贯之的奋斗目标，在几十年的辛勤探索中，我们取得了彪炳史册的现代化成就，中国式现代化的理念已经渗透在亿万人民的日常思维方式中，融入在无数中国人民的现实生活中，形成了丰富的理论和实践经验。不过，长期以来，我们摸着石头过河，关于中国式现代化理论的阐发尚未形成体系，一些国家趁机炮制各种不符合中国式现代化的价值观念和具体实践的论调，有损中国式现代化在国际社会中的形象，削弱我们的话语权和影响力。党的十八大以来，以习近平同志为核心的党中央高度重视构建中国式现代化的理论，积极总结中国式现代化的历史经验与实践成就，逐渐构建起涵盖根本性质、根本遵循、鲜明特色、本质要求、宏

[①]《习近平谈治国理政》第2卷，外文出版社2017年版，第34页。

伟蓝图、重大原则、重大关系等内容的中国式现代化理论体系，有助于人们更加清晰、更加科学、更加深入地认识和理解中国式现代化。

实践发展永无止境，我们认识真理、进行理论创新就永无止境。中国式现代化理论体系不是永恒不变的、孤立静止的，而是随着现代化实践的推进而丰富，随着中国共产党的深入认识而升华。党的二十大以来，党中央带头抓好全党全国学习贯彻党的二十大精神，广大干部群众对中国式现代化理论体系的理解愈发深刻，为进一步引导人民正确理解和大力推进中国式现代化，习近平总书记在学习贯彻党的二十大精神研讨班开班式上发表重要讲话，明确了中国式现代化理论的地位和意义，即中国式现代化理论是党的二十大的一个重大理论创新，是科学社会主义的最新重大成果。这是首次作出了中国式现代化蕴含着独特世界观的最新表述，丰富了中国式现代化的话语体系和理论体系。

正确理解中国式现代化世界观，有助于人们更加深刻地领悟中国式现代化的理论和具体实践。把握好世界观这一"总开关"，才能更好增强对党的价值追求和前进方向的高度政治认同。中国式现代化世界观与中国式现代化的中国特色、本质要求和重大原则相互联系、互为表现。一般来说，有什么样的世界观，就有什么样的方法论，方法论也体现着世界观。一方面，中国式现代化关于世界现代化之问的立场、为解决现代化难题而提出的具体方案，如"一带一路"、人类命运共同体等等，都是中国式现代化胸怀天下、立己达人等世界观的现实表现。另一方面，中国式现代化蕴含的和平性、包容性、创新性从根本上决定了中国式现代化在世界现代化中的价值取向和行为方法。因而，我们党提出并强调中国式现代化之世界观，有助于人们更为深刻且系统地、立体地把握中国式现代化的理论创新，进而继续丰富中国式现代化世界观的内涵，不断升华、拓展中国式现代化理论体系。

（二）新的解释视角

现代化是一个复杂的概念，至今尚未形成统一的定义和评判标准。欧洲最早于18世纪开启现代化，但直到第二次世界大战之后，现代化理论才应需而生。20世纪50到60年代间，世界上第一次现代化研究高潮出现，形成了由西方欧美国家解释的现代化理论，即"经典现代化理论"。经典现代化理论以"西方中心论"为理论底色，认为西方式现代化是最为正确和优秀的模式，西方的就是现代的，现代的就是先进的，非西方的就是传统的，传统的就是落后的，因而，非现代国家走向现代社会，必须按照西方规定的道路和模式。

西方式的现代化解释曾被奉为金科玉律。自经典现代化概念诞生以来，深受欧美国家的推崇。美国学界还曾断章取义地将马克思关于西欧国家工业化的阐述——"工业较发达的国家向工业较不发达的国家所显示的，只是后者未来的景象"[1]当作现代化的涵义，好像在向世界各国宣扬"西方中心主义"的现代化概念的科学性和权威性。20世纪50年代后，一些新兴国家为获得现代化发展机遇，或主动或被动地引入西方式的现代化概念，走西方式的现代化道路，接受西方发达资本主义国家的援助，曾取得了一时的发展。

现代化从来没有定于一尊、一成不变的解释套路，由西方解释的现代化概念的局限性逐渐暴露。一方面，西方式的现代化概念背后的霸权主义、中心主义的世界观逐渐显露，人们逐渐认识

---

[1]《马克思恩格斯文集》第5卷，人民出版社2009年版，第8页。

到，西方式现代化概念诠释只是从利己的角度，为后来者规定现代化的评判标准和实践路径，是具有明显政治意图的概念解释，缺乏科学性、实践性、真理性。另一方面，经典现代化的理论在一定程度上导致了某些发展中国家陷入现代化危机，早期取得了一定的成绩，但是后来纷纷陷入低速、迟缓的发展困境。人们逐渐认识到现代化的概念、理论、实践路径是多样的、变化的，而非静止的、定于一尊的。20世纪70到80年代、80到90年代分别又出现两次现代化研究高潮，涌现出大批理论，包括现代化依附理论、世界体系理论、后现代化理论等等，这些理论关于现代化的概念或多或少地承继了经典现代化理论的核心观点，也将后发现代化国家的发展困境归结为具有依附性的现代化理论。

中国式现代化打破了"现代化=西方化"的迷思，中国式现代化蕴含的世界观及其方法论为诠释现代化提供了新的视角。长期以来，西方国家把控着现代化概念的解释权，用西方式的概念向世界各国传输其世界观，一度造成了人们认知现代化的障碍，长期压抑了多元的现代化表达，阻碍了多样化的现代化世界观的形成，延误了现代化概念的"集大成"的进程。对于"什么是现代化""什么是中国式现代化"的问题，中国共产党和中国人民在实践探索中作出了回答。中国式现代化立足中国，坚持守正创新、普遍性与特殊性相统一的原则，既有各国现代化的共同特征，更有基于自己国情的中国特色，既传承历史文化，又融合现代文明，创造了区别于西方的现代化概念，突破了狭隘的概念界定。现代化不等于西方化，现代化这一概念的内涵是不断更新变化的，随着实践的深入发展而不断丰富，任何国家为一己私利将现代化内涵固定化、刻板化、狭义化，是不符合客观现实的，必将走向现代化的反面，不利于现代化实践的推进。

中国式现代化摒弃了"自我中心主义"的世界观和"形而上"的现代化解释方式，在守正创新、奋发有为、胸怀天下等世界观的指导下，坚持辩证统一的立场和观点，辩证地看待传统与现代的关系、自我与他者的关系、世界各国间的关系。在中国式现代化的视域下，传统与现代是辩证统一的，世界各个国家间是平等交流的关系。那些所谓已经实现了现代化的西方国家，在某些发展领域难免存在传统因素，换言之，已经实现了现代化的国家或多或少地存在"旧社会的痕迹"，而尚未迈进现代化的国家也并非彻底的落后，传统与现代从来不是绝对的对立，而是一对相对范畴。再者，西方现代化模式也只是人类社会现代化进程中的一种类型，并非满足所有国家的现代化需求，从来不存在定于一尊的现代化模式，任何国家不需要削足适履，适合自己的才是最好的，一个国家、民族的现代化并非意味着复刻另一个国家所展现的图景，而是共同探索、共同摆脱落后的状态，向更加美好的人类社会发展阶段迈进。总之，中国式现代化理论和实践对现代化进行了深刻的诠释，从辩证的、发展的、联系的角度把握现代化内涵，为人们正确理解和科学把握现代化概念提供了新的研究视域。

（三）新的思想支撑

中国式现代化与西方式现代化是在同一时空中并存的两种现代化模式，因其社会制度、文化传统、发展基础不同，所以从中国式现代化诞生之日起，便与西方式现代化存在着差异，展现着不同的世界观和价值取向。我们始终尊重差异，从不将文明、制度区分高低优劣，在共存、包容、交流中保持自身独立性，也始终坚持学习各国的积极之处。经过数十年的发展，中国创造了举世瞩目的现代化成就，不得不承认的是，在继承、学习、创新、发展的过程中，我们的眼光和做法确实超越了西方模式，即中国式现代化全面超越了西方式现代化。

中国式现代化蕴含的独特世界观超越了西方式现代化世界观，中国的实践做法也优于陈旧的现代化手段。以现代化发展道路为例，西方通过对外侵略获取生产力、资源并开拓世界市场，为己谋利，奉行"弱肉强食"的丛林法则。而中国共产党和中国人民在中华优秀传统文化"天下观"和马克思主义世界观的影响下，始终坚持胸怀天下，在各个历史时期都倡导和平，走和平发展道路，从未侵略过别国，尊重不同国家人民对自身发展道路的探索，走出了不同于西方的道路，代表了人类文明进步的发展方向。发展走向和道路选择之所以存在很大的差别，归根结底是受不同的世界观的影响，一般来说，世界观决定方法论，方法论体现世界观，中国在面临世界现代化发展难题时，以新担当新作为提出三大全球倡议，其反映的是中国共产党和中国人民胸怀天下、立己达人的价值取向、精神品格、道德基因，中国式现代化完全摒弃"弱肉强食""国强必霸"等落后的世界观，摒弃了"侵略扩张""打压遏制"等带有侵略性质的陈旧的现代化手段，在世界观和方法论上实现了全面的超越。

中国式现代化之世界观为全面超越西方式现代化提供了新的思想支撑。中国式现代化蕴含着独立自主、开放包容、立己达人等世界观，有别于西方发达国家、拉美国家、其他亚洲国家，既不将他人视作现代化的"附属品"，也拒绝成为他人的"附庸"。中国式现代化之世界观是中国共产党基于数十年的中国实践总结而来的，是反思世界现代化经验而来的，并被中国实践不断证明了的正确理论原则，具有科学性、进步性。中国式现代化之世界观与中国向世界提供的现代化方案是内在联系的统一体,在科学世界观的指导下,中国共享机遇、共创未来,共同做大人类社会现代化的"蛋糕",不仅通过"一带一路"等平台与发展中国家共享发展机遇,为其他国家送去实实在在的利益,努力让现代化成果更多更公平惠及各国人民,还不断向世界讲好中国式现代化的理念、原则、立场,引导他们树立起独立自主、开放包容等价值观念,进而走出依附发展的误区,创造出适合自身发展的现代化理论和实践。既授人以鱼,又授人以渔。许多非洲朋友说:"在中国发展成就的鼓舞下,非洲国家也可以结合自身国情走出一条适合自己的现代化道路。"总之,中国式现代化之世界观有利于引导广大发展中国家树立正确价值理念,构建适合自身发展的科学理论和合理方案,彻底走出依附模式,全面超越西方现代化理论。

(四)新的理论准备

自18世纪英国最早开启现代化进程以来,出现了多次现代化理论的研究高潮,现代化理论层出不穷,但时至今日,现代化一词尚未形成统一的概念,现代化模式也同中有异。比如,英国、法国是经典的内生型现代化模式,美国、德国是具有衍生性的现代化模式,从现代化动力来划分,日本、韩国、近代中国属于外源型现代化模式,除此之外,还有二战之后兴起的社会主义性质的苏联模式,依附发达国家而兴起的拉美模式,独立自主、快速崛起的"中国式"。不同国家的国情、民情、文化传统、道德基因具有差异性,决定了现代化模式的多样性。抛开发展模式的差异性不谈,"现代化"象征着人类社会的文明进步,意味着人类社会不断向前发展的美好变化,发生在人类社会发展的各个领域，从生产方式到生活方式，从经济体系到政治形态，从社会建设到生态建设，从物质积累到理论认知，等等。人类社会发展到今天，现代化的内涵不断被扬弃、被拓展，评价现代化模式的优劣、成败的标准也愈发客观、合理、详细。

以习近平同志为核心的党中央深刻总结中国式现代化实践经验，形成涵盖根本保证、中国特色、本质要求、战略安排、重大原则等一系列理论，在学习贯彻党的二十大精神研讨班开班式上发表重要讲话时，提出中国式现代化蕴含独特世界观的最新表述，阐明了现代化内在的价值观念，进一步丰富和发展了现代化理论。在现代化的根本保证方面，明确了中国式现代化是中国共产党领导的社会主义现代化，这是对中国式现代化定性的话，是管总、管根本的①。中国共产党的领导直接关系中国式现代化的根本方向、前途命运、最终成败，这是以习近平同志为核心的党中央基于百年奋斗实践而作出的战略判断。对于世界其他国家而言，现代化的发展也需要有坚强的领导力量，需要政党坚持正确原则、找准正确方向，以确保现代化不会偏离航向、丧失灵魂。我们党多次向世界政党表明中国主张并发起号召，积极担负起探索现代化道路、推动文明进步的政党责任。在现代化的发展道路方面，中国共产党经过长期探索，找到了符合中国国情的发展道路，中国的成功实践，有利于引导世界其他国家立足本国、坚持独立自主原则而发展，为人类探索现代化道路提供新动力。在现代化的方向方面，中国式现代化的理论和实践突出人民性，强调现代化不仅要看纸面上的指标数据，更要看人民的幸福安康。以往，人们在评判某个国家的现代化时，往往将注意力集中在经济

---

① 习近平：《中国式现代化是中国共产党领导的社会主义现代化》，《人民日报》2023年6月1日。

方面，甚至一度将实现工业化等同于实现现代化，一个现实的原因是，这一维度最易于衡量。但是，随着现代化的推进，其广度和深度更甚，一个国家实现了经济繁荣并不意味着真正实现了现代化，人们愈发重视现代化的方向的正确性以及价值观念的科学性和成熟性，中国式现代化始终坚持人民至上理念，明确现代化的最终目标是实现人自由而全面的发展，是让现代化更好回应人民各方面诉求和多层次需要。

概言之，中国式现代化蕴含着现代化方向的人民性、现代化道路的多样性、现代化进程的持续性、现代化成果的普惠性、现代化领导的坚定性等，丰富了现代化理论，有利于人们深刻思考现代化的评判标准、现代性的内涵、方向、道路、立场、原则，从而推进世界现代化理论和实践的发展。人类要想不断推动时代发展，就一刻不能停止理论创新，中国式现代化之世界观，为现代化理论的创新提供了理论准备。

三、为推进现代化实践提供新方法

在中华民族伟大复兴历史进程的长镜头、世界文明发展演变的宽广角、民族性与世界性相交融的新图景中，站在"历史转变为世界历史"的高度，中国式现代化在特定的历史条件与历史活动中、在马克思主义基本原理同中国具体实际相结合、同中华优秀传统文化相结合中，使自身具有了"中国式"特质，深刻且生动地回答了中国共产党领导的社会主义现代化何以能够创造世所瞩目的"中国奇迹"的重大理论和实践问题。同时，中国式现代化在推进与拓展过程中所孕育的重大理论成果和实践成果，汇聚成回应时代、擘画未来、观照世界的实践经验，为其他国家走向现代化提供了可供参考借鉴的中国方案，对于推动人类社会现代化进程具有重要的实践意义。

（一）坚持现代化共同特征与各具特色相统一

一个国家走向现代化，既要遵循现代化的一般规律，更要符合本国实际，具有本国特色。中国共产党团结带领全体中国人民用几十年时间走完西方发达国家几百年走过的工业化历程，用实际行动证明中国式现代化既有各国现代化的共同特征，更有基于自己国情的鲜明特色，是走得通、行得稳的现代化之路，更是强国建设、民族复兴的唯一正确道路。中国式现代化的中国特色、本质要求、重大原则表明，现代化建设既要涌动在世界现代化的洪流之中，又要激荡起自己的浪花。

党的二十大报告指出，中国式现代化"既有各国现代化的共同特征，更有基于自己国情的中国特色"[1]。这就阐明了中国式现代化是现代化的共同特征和中国特色的有机统一，也阐明了只有现代化共同特征而没有中国特色，或者只有中国特色而没有现代化共同特征，中国式现代化都无法取得成功。共同特征和各具特色相统一是现代化建设的要义，同时，虽然各国现代化具有共同特征，但实现现代化的路径应是多样的，尤为重要的是找到适合本国国情的现代化发展之路。

在实践方面，中国式现代化的成功探索，包括中国式现代化所呈现出的世界观，为现代化建设坚持现代化共同特征与各具特色相统一作出典范，对推动人类社会现代化进程具有重要实践意

---

[1] 习近平：《高举中国特色社会主义伟大旗帜　为全面建设社会主义现代化国家而团结奋斗——在中国共产党第二十次全国代表大会上的报告》，人民出版社2022年版，第22页。

义。一方面，中国式现代化把握住了现代化共同特征。从现代化发展状态来看，现代化是由不发达状态向发达状态的转变，不同国家的现代化发展具有不同的发展水平和发展阶段。此外，现代化发展的共同特征还体现在现代化是科学技术的现代化、生产力发展的现代化、生活方式的现代化、社会制度的现代化。中国式现代化在建设与发展的过程中，遵循世界现代化共同特征和一般规律，并将其作为开启现代化建设"中国时间"的重要理论来源和实践来源。特别是在中国式现代化得以成功推进与探索的崭新历史阶段，在以习近平同志为核心的党中央领导下，中国的经济建设、政治建设、文化建设、社会建设、生态文明建设取得跨越式进步。以此，在接续奋斗与持续奋斗中，中国共产党在成功探索中国式现代化的过程中完成了中国经济社会由不发达状态向发达状态的巨大跨越。

另一方面，中国式现代化具有鲜明的中国特色。中国式现代化是人口规模巨大的现代化、是全体人民共同富裕的现代化、是物质文明和精神文明相协调的现代化、是人与自然和谐共生的现代化、是走和平发展道路的现代化；同时，中国式现代化坚守人民至上理念、秉持独立自主原则、树立守正创新意识、弘扬立己达人精神、保持奋发有为姿态，表明在把握现代化共同特征的基础上，更要把握中国式现代化的中国特色和实践原则。具体地说，就是要明确中国式现代化的制度特色，进而明确中国式现代化必须始终坚持中国共产党的领导的极端重要性，以及必须始终巩固和发展中国特色社会主义制度的现实必要性；就是要知晓中国式现代化的国情特色，要在人口规模巨大的现实情况下直面现代化的复杂性和艰巨性，在推进全体人民共同富裕的美好夙愿、物质文明和精神文明相协调的发展特色，以及人与自然和谐共生的文明之道中，塑造中国式现代化的特色模式，把后发现代化国家的劣势转为优势；就是要把握中国式现代化的和平特色，打破"现代化=西方化"的迷思，为人类对更好社会制度的探索提供中国方案。

中国式现代化在自身的推进与拓展过程中，以其宏大的世界观展现了推动人类社会现代化进程的基本路径，既要立足于世界现代化共同特征，又要符合本国实际，最为重要的是在继承和创新本国历史内蕴、文化底蕴、实践积蕴的基础上，使自身的现代化模式具有鲜明特色。为此，中国式现代化模式的成功探索无疑在现代化建设要坚持现代化共同特征与各具特色相统一方面提供了可供参考和借鉴的实践模板，对于推动人类社会现代化进程具有重大实践意义。

（二）坚持政党领导与人民主体相统一

为什么人的问题，是检验一个政党、一个政权性质的试金石。一种现代化模式是否优越、能否走得长远，发言权与决定权牢牢把握在人民手中。一直以来，中国共产党始终将坚持人民主体地位作为推进和拓展中国式现代化必须遵循的实践原则，并不断地以伟大自我革命引领伟大社会革命，使党永葆生机活力，始终走在时代前列，能够始终为满足人民群众对美好生活的需要提供保障。特别是新时代以来，在习近平新时代中国特色社会主义思想引领下，新时代的中国共产党将坚持党的领导和党的建设与坚持人民至上紧密相连，始终把人民利益摆在至高无上的地位，彰显中国式现代化模式的巨大优势，也成为区别于其他现代化模式的最鲜明特征，在推动人类社会现代化进程中凸显实践意义，为全世界、全人类在追寻现代化道路中破解"来自谁""依靠谁"

"为了谁"的历史与现实问题作出鲜明注脚。

现代化建设坚持政党领导与人民主体相统一的重大实践意义，一方面在于坚持党的领导与发挥人民作用相统一。党的领导决定中国式现代化的根本性质，只有毫不动摇坚持党的领导，中国式现代化才能前景光明、繁荣兴盛。纵观人类现代化进程，现代政党在其中发挥着重要的作用。但由于不同政党的思想基础、阶级基础、群众基础不同，其在人类现代化进程中所产生的"力"的方向、大小和作用也有所差异。一百多年来，中国共产党始终重视发挥人民群众的智慧与力量，把群众路线贯穿治国理政全过程，把实现好、维护好、发展好最广大人民根本利益作为一切工作的出发点和落脚点，同时在这一过程中勇担当、善作为，力求在自身的不断锤炼之中锻造更加坚实牢靠的执政能力和水平，以坚持党的全面领导汇聚各方智慧和力量。

另一方面体现为坚持党的全面领导，必须坚持人民立场。"一穷二白"是中国被动卷入现代化进程的初始面貌，这种境遇不仅体现在中国的经济发展上，也体现在人民的思想观念和精神面貌上。从新民主主义革命时期到社会主义革命和建设时期，再到改革开放和社会主义现代化建设新时期，一直到中国特色社会主义进入新时代，在不断的接续奋斗中，我们党奋力开创了一片崭新天地，团结带领中国人民实现了繁荣富强的伟大跨越。特别是新时代以来，以习近平同志为核心的党中央坚持人民至上理念，赋予中国式现代化以人民性的根本属性，在肯定人民是历史的创造者，是推进现代化最坚实的根基、最深厚的力量的前提下，统揽伟大斗争、伟大工程、伟大事业、伟大梦想，以伟大自我革命引领伟大社会革命，致力于使党永葆生机活力，根本目的就是为了让人民过上好日子，回应了让人民生活幸福是"国之大者"的时代主题。中国共产党坚持以人民为中心的发展思想，将坚持党的领导与坚持人民主体地位的世界观具体化、细节化、系统化；同时，对人民主体地位的维护，也体现着中国共产党对"亿万人民的创造伟力"的推崇，是对人民力量至上理念的现实表达。

百年奋进，初心如磐。历史充分证明，中国共产党始终是坚持以人民为中心的政党，始终是为人民利益奋斗的政党。坚持政党领导与人民主体相统一，是中国式现代化得以成功探索和推进的重要实践经验。从求索现代化之路，再到成功推进与拓展中国式现代化，坚持党的领导与坚持人民主体地位始终相依相存，成为推动人类社会现代化进程的重要实践经验，展现了坚持党的领导为实现人民主体地位提供了最根本的保证，坚持人民主体地位也为提高党的执政能力，进而为推进与拓展中国式现代化汇聚了磅礴伟力。从而在实践方面全面验证了中国共产党的全面领导是打开中国现代化新纪元、创造人类现代化奇迹最为关键也最为坚强的保障，而坚持人民主体地位则为中国共产党的坚强领导筑牢了"根"、凝聚了"魂"，这是中国在开创独一无二的现代化模式的历程中的实践自觉，在世界范围内标榜了引领人类社会现代化进程的宏大趋势，对于推动人类社会现代化进程具有实践意义。

（三）坚持民族性与世界性相统一

中国式现代化是走和平发展道路的现代化。在中国式现代化的探索过程中，中国共产党在为中国人民谋幸福、为中华民族谋复兴的同时，坚定地为世界谋发展、谋大同，在守护人类共同地球家园中勾画民族性与世界性相统一的美好图景。习近平总书记强调："我们坚定站在历史正确的一边、站在人类文明进步的一边，高举和平、发展、合作、共赢旗帜，在坚定维护世界和平与发展中谋求自身发展，又以自身发展更好维护世界和平与发展。"[1]习近平总书记的阐述生动且深刻地呈现出中国式现代化的世界观内蕴，表明坚持胸怀天下是中国式现代化的坚定选择，同时表明现代化的发展要遵循人类和人类社会在漫长的变迁和发展过程中早已形成命运与共的"共同体"的客观事实。其中生成的对于现代化建设要坚持民族性与世界性相统一的价值判断构成了推动人类社会现代化进程的实践意义。

在世界之维，把握现代化建设要坚持民族性与世界性相统一的价值命题，即是对全人类、全世界的重大关切。马克思和恩格斯对资本主义现代化文明在推动人类文明演进与打破世界壁垒方面所发挥的历史作用进行了辩证分析，称"资产阶级在历史上曾经起过非常革命的作用"，它改变了过去闭塞的交往方式，在有形与无形中拉近了人与人、国家与国家间的互联互通，塑造出一种全新的世界交往形态。但是，资本主义现代化文明"使人和人之间除了赤裸裸的利害关系，除了冷酷无情的'现金交易'，就再也没有任何别的联系了"[2]，使得真正意义上的文明交往规律和规则被掩盖。然而，世界文明和世界现代化进程要实现正面的发展，则必须冲破压制、从属的裹挟，创造出一种民族性与世界性相统一的现代化模式。

从中国到世界，虽然空间场域有了切换，但是中国式现代化所彰显的坚持民族性与世界性相统一、弘扬全人类共同价值的实践原则与价值取向，却始终围绕着全人类的发展和全世界的发

---

[1] 习近平：《高举中国特色社会主义伟大旗帜 为全面建设社会主义现代化国家而团结奋斗——在中国共产党第二十次全国代表大会上的报告》，人民出版社2022年版，第23页。
[2]《马克思恩格斯文集》第2卷，人民出版社2009年版，第34页。

展，完成了对遵从一种文明、效仿一种现代化模式的价值观念的颠扑和超越，为全世界、全人类呈现出一种由孤立的"个体"走向更美好的"共同体"的和谐画面。当今世界，保护主义、单边主义等逆全球化思维仍广泛流行，藏匿于其中的个人优先、个别文明优先的价值理念实际上造成了对地球家园整体性的严重破坏，加之疾病、贫困、战争、饥荒、自然环境破坏等负面现象，民族性与世界性相统一的价值观念被逐渐地淡化和模糊了，对人类文明的前进、人类社会现代化进程的推进造成了阻碍。而坚持民族性与世界性相统一的实践经验之所以能够全面展现出中国式现代化的世界观特质，便在于其呈现出整体性概念，这种整体性体现在其能够找准维护地球家园的"坐标系"，由一国的发展、一种现代化模式的发展延伸为全人类的幸福福祉，并在追求人与自身、人与自然、人与世界的和谐关系中完成对地球家园的建设和维护，以此造福全人类、全世界。

现代化建设要坚持民族性与世界性相统一，是中国共产党在深刻认识世界、科学把握时代、精准研判未来的基础上生成的具有原创性的价值理念和实践经验，是对马克思"共同体"思想和中华优秀传统文化"协和万邦"理念的继承与弘扬，对于推动人类文明发展和人类社会现代化进程具有重大实践意义。

四、为把握现代化世界提供新视野

把握中国式现代化在人类现代化中的重大世界意义，也是对中国式现代化与世界现代化关系的把握。中国式现代化既基于自身国情、又借鉴世界先进经验，既传承历史文化、又融合现代文明，既造福中国人民、又促进世界共同发展，是我们强国建设、民族复兴的康庄大道，也是中国人民谋求人类进步、世界大同的必由之路。中国式现代化的理论与实践路径决定了其立己达人、共谋发展的世界观特质，彰显了兼济天下、共创未来的世界性意义。在中国式现代化世界观的指导下，中国始终将自身命运同各国人民的命运紧紧联系在一起，在完善自我、成就自我的同时，为世界现代化发展提供中国经验和中国智慧，为推动人民文明进步指明方向。

（一）为发展中国家迈向现代化提供启发

在人类追求幸福的道路上，一个国家、一个民族都不能少。平等的发展机会和发展权利是所有国家和民族都理应享有的，中国式现代化正是立足这样的初衷和使命，不断地为广大发展中国家迈向现代化、为推动人类社会发展逐渐走向最高级阶段作出不懈努力。中国在世界现代化浪潮的冲击和挑战之下，不懈推进现代化实践，创造了中国式现代化的发展奇迹，还创造性地形成了"中国式"的观念、经验、方法、道路，历史和现实不断向人们证明，中国式现代化道路走得对、走得通、行得稳、行得好。中国式现代化成功打破了"现代化=西方化"的迷思，其世界观和方法论正在或行将为世界上真正谋求发展、和平、独立的国家与民族带来希望火种。

世界上既不存在定于一尊的现代化模式，也不存在放之四海而皆准的现代化标准。中国共产党团结带领中国人民不懈地展开现代化实践，不仅完成了传统国家的现代化转型，还深刻地改变了"东方从属于西方"的世界历史进程，不仅实现了民族独立、人民解放，还实现了国家繁荣富强，屹立于世界强国之林，日益走近世界舞台中央，中国式现代化的成就昭示着曾落后于世界现代化大潮的后发国家能够改变淘汰出局命运、实现现代化。就世界而言，中国式现代化的成就还彰显了不同于西方的现代化模式的进步性、优越性，从世界观维度打破了现代化等于西方化的迷思，为广大发展中国家提供了中国式现代化坚持普遍性与特殊性相统一的制胜密码。

当今世界正经历百年未有之大变局，人类对幸福的追求似乎被笼罩在霸权主义、强权政治、单边制裁的荫翳之下。立足历史与现实，这种破坏世界和平发展的负面思维是有迹可寻的，其内核是对本国利益的狂热追求，以及对他国利益的肆意践踏，这种在政治、经济、安全、社会、文化、生态等方面的反向操弄实则是扼住了人类社会发展的"命脉"，对维护世界和平安宁的主旋律造成了极大的破坏。面对世界新的动荡变革，中国共产党秉持"和平发展、公平正义、合作共赢"的原则推进中国式现代化，致力于维护国际公平正义、促进世界和平稳定，努力拨开笼罩在人间正道上方的迷雾。面对历史转折点，应对世界变局，中国共产党在推进中国式现代化的进程中主张通过团结合作，共同克服、应对人类社会现代化的困难，主张构建公平、正义、有序、包容的世界秩序自在空间，为世界各国提供现代化发展的良好环境，为各具特色、各有长处的民族、国家共同推动人类社会进步和世界现代化发展提供舞台。

党的十八大以来，在习近平新时代中国特色社会主义思想引领下，党和人民成功推进和拓展了中国式现代化，对本国的现代化进程和世界发展产生了深远影响。就国内发展而言，在经济、政治、文化、社会、生态等领域创造了众多"可能"，突破了许多"不可能"，实现了诸多"有可能"，取得了重大理论创新和实践创新成果。在以中国式现代化推进中华民族伟大复兴的过程中，中国共产党以伟大自我革命引领伟大社会革命，在提升国家治理体系和治理能力现代化水平的过程中推动政治现代化；在不断开发崭新动力模式和生产力转型升级方案中推动经济现代化；在弘扬与创新中华优秀传统文化、革命文化、社会主义先进文化的过程中推动文化现代化；在保障和改善民生、强化和创新社会管理等方面推动社会现代化；在构建人与自然和谐共生的生命共同体中引领生态现代化。就世界意义而言，中国共产党立足时代，面向世界，科学回答了现代化之问、世界之问、时代之问，并向广大发展中国家提供自身的现代化实践经验、理论观念、科学原理、行动方案，与世界各国尤其是希望保持独立和实现发展的国家共享中国发展成果，并注重总结自身的实践经验，凝练为普遍性规律，坚持胸怀天下，推己及人、立己达人。

中国式现代化以自身实践验证了现代化的发展道路不止一条，广大发展中国家有可能、有权利、有能力追逐符合自身国情和人民需要的现代化道路。需要注意的是，中国向世界提供的现代化观念、方案并非强制性输出，而是有理、有据、有节地发中国之声，为发展中国家迈向现代化提供典范。此外，中国式现代化成就有利于提振欠发达国家发展的信心，激励、鼓舞世界各国克服现代化进程中的艰难险阻，携手共同走向更加美好的未来。

（二）为推进多元文明发展提供方向引领

全世界、全人类的命运始终是连接在一起的，每个民族、每个国家、每种文明，都是人类文明中的璀璨明星，共同汇聚成耀眼星河。人类文明的进步也恰恰是在所有文明发展进步的前提下才能够实现的。因而，每种文明都应得到重视，在交流互鉴中实现共同发展。正如习近平总书记所言，任何国家追求现代化，都应该秉持团结合作、共同发展的理念，走共建共享共赢之路。我们是这样说的，也是这样做的。中国共产党在推进中国特色社会主义物质文明、政治文明、精神文明、社会文明、生态文明协调发展中，坚持胸怀天下、包容互鉴，走出一条与世界各国携手同行现代化之路，也愿意在这个过程中为人类文明发展奉献智慧和力量，在点亮自己的同时，愿意为同行者照亮前行的路。

　　毛泽东曾提出：“中国应当对于人类有较大的贡献。"[1]这里提到的"贡献"二字分量沉重，既是对中国开辟现代化新境界的期许，也体现了中国共产党胸怀天下的价值观念，表达了共同推动人类文明进步的希冀。责任重大，使命光荣，百年奋斗，不负众望。马克思主义执政党的性质、宗旨、使命决定了中国式现代化有什么样的世界观，以什么态度、原则推进人类文明进步。马克思主义理论是为全人类解放的理论，为人类求解放是马克思主义政党的毕生事业。因而，中国共产党始终将全人类作为考量的主体，将全世界作为考量的场域，始终坚持为全人类文明发展作贡献。中国式现代化的世界观，始终以历史和时代的视角，站在人类文明发展进步的高度，推动文明交流互鉴，不以私利而立世，必将正面地、深刻地影响人类文明进程。

　　人类文明发展规律具有客观性，任何国家、任何民族应遵循规律而为。就现代化过程中的文明创造和文明发展而言，任何国家都不能，也不应该将多样性的人类文明框定到某一种特定的现代化模式之中。中国式现代化世界观蕴含着深厚的哲理、道理，正如"物之不齐，物之情也"所表明的，我们在尊重文明多样性的基础上，始终致力于推进多样化的现代化模式开花结果。纵观

---

[1]《毛泽东文集》第7卷，人民出版社1993年版，第157页。

世界现代化发展历程、考察人类社会发展规律，中国式现代化所创造的崭新现代化模式，为全世界、全人类带来了一种全新的引领人类文明进步的新方向，即在遵循人类社会发展规律的前提下，打开了推动文明交流互鉴的窗口，注重突出每一种文明的鲜明色彩，使它们能够共同绘就人类文明版图。

中国式现代化蕴含着的开放包容的世界观，给予鼓吹"西方中心主义"的"别无选择"论以沉重打击，消散了西方现代化"独尊"的阴霾。但是需要明确的是，中国式现代化的世界观所提倡的多元文明发展取向，以及对世界文明体系的丰富，并不是脱离人类文明发展大道，而是倡导合理吸收和借鉴人类社会创造的文明成果，避免亦步亦趋、随波逐流地效法或是搬挪，进而在跨越时间、空间、国界的条件下，为推动人类文明进步、为维护人类文明多样性提供新方向。概言之，中国式现代化的世界观指向了人类文明多样共存、多样发展、多样互鉴的美好状态，让世界人民看到了合理矫正文明"输出"与"输入"之间关系法则的美好前景，以及看到了走向全世界、全人类合作共赢的光明大道的光明图景。由此，中国式现代化蕴含的世界观包含着我们关于世界发展、文明进步等重大问题的理念、立场、原则，叩响了新时代人类文明进步的大门。

（三）为创造人类文明新形态提供新定见

习近平总书记指出，中国式现代化深深植根于中华优秀传统文化，体现科学社会主义的先进性，借鉴吸收一切人类优秀文明成果，代表人类文明进步的发展方向，展现了不同于西方现代化模式的新图景，是一种全新的人类文明新形态。①在马克思主义伟大真理的指引下，在中国共产党的坚强领导下，在全国人民的共同努力下，中国式现代化创造了人类文明新形态，进而孕育出包括人民至上、独立自主、守正创新、立己达人、胸怀天下、和谐共生等在内的新文明理念，彰显了中国式现代化世界观的重大意义，为人类文明进步作出巨大贡献。

作为当代中国马克思主义、21世纪马克思主义的重大理论创新，人类文明新形态生动诠释了中国式现代化世界观的文明理念，必将极大丰富世界文明百花园。从历史和时代的角度来看，人类文明新形态是中国共产党领导中国人民创造的彪炳人类文明史册的伟大成果，它饱含全人类共同价值诉求，力求为全人类作出重大贡献，肩负着人民幸福、国家富强、世界发展的重要使命，具有深刻的世界意义。人类文明新形态作为中国式现代化的阶段性成果，正以茁壮成长、蓬勃向上的状态引领未来，塑造出一种以人的全面发展为中心、以人与自然和谐相处为重心、以全人类共同价值为核心的崭新文明形态。人类文明新形态之"新"，不仅表现为中华文明、中国式现代化正以一种新的面貌存在于世界范围中，而且体现在中华文明、社会主义文明为人类发展作出新贡献。

中国式现代化蕴含的世界观超越了资本主义现代化所创造的旧形态。回溯世界现代化历史，基于海外殖民和商业扩张，西方率先走上了现代化道路。此后，由于科学发展和技术创新的加持，其现代化进程进入了快速发展阶段，很长一段时间内，在世界现代化发展中充当现代化"领跑者"的角色。但是，西方式现

---

① 《习近平在学习贯彻党的二十大精神研讨班开班式上发表重要讲话强调　正确理解和大力推进中国式现代化》，《人民日报》2023年2月8日。

代化模式的不足、弊端逐渐暴露，不容忽视和回避。西方式现代化以攫取最大利益为驱动力而进行剥削、掠夺、压迫、奴役，蔑视人的价值、破坏自然环境、"霸凌"其他文明国家，种种行为昭示着西方式现代化造就的人类文明形态如"泡沫"般华丽但易碎。

人类文明新形态创造出关于人与自身、人与人、人与自然、人与世界等关系的科学范式，越发显示出积极的现实意义和世界意义。在《共产党宣言》中，马克思、恩格斯揭示了"资产阶级的关系已经太狭窄"的问题，提出："社会所拥有的生产力已经不能再促进资产阶级文明和资产阶级所有制关系的发展；相反，生产力已经强大到这种关系所不能适应的地步，它已经受到这种关系的阻碍。"[①]马克思、恩格斯在揭示与批判资本主义社会无法自行消解的矛盾、危机的基础上，产生新的文明形态的构想，深刻地影响和改变着人类文明进程。中国共产党坚持马克思主义的指导，推进社会主义现代化，经历了探索、完善、丰富、发展的历史过程，可谓是拼搏努力、不懈奋斗的破茧成蝶历程，创造出人类文明新形态。人类文明新形态是诠释物质文明、政治文明、精神文明、社会文明、生态文明协调发展的新形态，破解了人类社会发展的诸多难题，这一扎根于中国大地、符合人类社会发展规律的伟大创造，将对整个中华民族和世界发展产生重大而深远的影响。

党的十八大以来，以习近平同志为核心的党中央坚持人民至上、坚持守正创新、坚持问题导向、坚持系统观念、坚持胸怀天下的世界观和方法论，以此为基础，扎实推动全体人民共同富裕、大力推进全过程人民民主建设、追求人的全面发展、维护社

---

① 《马克思恩格斯文集》第2卷，人民出版社2009年版，第37页。

会公平正义、促进人与自然和谐相处，致力于推进社会的全面发展、文明的全面进步，彰显了人类文明新形态的优越性，向世界展现了其深厚的理论根基和文化底蕴，以及坚实的现实基础和美好的未来图景。总之，人类文明新形态之所以能够为丰富和发展人类文明形态提供新方法，关键在于，其在人与自身、人与人、人与自然、人与世界等问题上实现了当代中国马克思主义理论创新的新高度，凸显出鲜明的中国特色，打破了西方式现代化道路的固有模式，并创造出人类文明新形态这项拔新领异的文明形态"方程式"。可以说，这个"方程式"对于解开人类社会发展进程中的难题具有重要意义，并以严谨、创新、开放的姿态引领未来人类社会发展进步。

（四）为理解人类命运共同体提供新见解

人类是一个一荣俱荣、一损俱损的命运共同体。任何国家追求现代化，都应该秉持团结合作、共同发展的理念，走共建共享共赢之路。以习近平同志为核心的党中央，在研判人类前途命运和世界发展走势的基础上，创造性地提出推动构建人类命运共同体的中国方案。当前，国际形势和全球秩序发生了深刻的改变，在这样的大背景下，世界各国人民越来越期待建立一种新型国际关系，即一种各国之间能够擘画出利益交互、机遇共迎、风险共担、成果共享、未来共建的美好生活图景的崭新国际关系。

构建人类命运共同体是新时代中国共产党人向全世界、全人类发出的引领时代潮流、标定人类前进方向的时代强音，是基于马克思主义立场观点方法、中华优秀传统文化根基、人类社会发展规律作出的伟大贡献，构成了中国式现代化世界观的重大意义。"党推动构建人类命运共同体，为解决人类重大问题，建设持久和平、普遍安全、共同繁荣、开放包容、清洁美丽的世界贡献了中国智慧、中国方案、中国力量，成为推动人类发展进步的重要力量。"①《决议》对中国共产党百年奋斗历史意义的总结深刻表明，在赓续历史、接续奋斗、放眼时代、谋划未来的伟大实践中，新时代的中国共产党正在且已经为世界提供了一份在人类发展、世界进步问题上的中国方案，且会长久地为全世界、全人类结成命运与共的共同体输出中国智慧。党的十八大以来，习近平总书记高屋建瓴地提出了共同构建人类命运共同体的创新理念，强调中国将始终坚持维护世界和平、促进世界共同发展，并明确推动构建人类命运共同体是世界各国人民前途所在，将世界和平稳定发展问题提高到关乎人类前途命运的高度，号召全世界、全人类尊重人类社会"命运与共"的客观事实、共同守护美好家园。构建人类命运共同体是以习近平同志为核心的党中央因时因势作出的科学谋略，具有丰富内涵和鲜明特征，是中国式现代化世界观在实践层面、现实层面的真实表达，向全世界人民展示出中国式现代化"大道之行，天下为公"的崇高境界。

　　同时，中国式现代化凸显坚定维护国际公平正义，倡导践行真正的多边主义，旗帜鲜明反对一切霸权主义和强权政治，毫不动摇反对任何单边主义、保护主义、霸凌行径的世界观特质，为推动构建人类命运共同体指明了方向。由此验证，推动构建人类命运共同体这一创举，直接且鲜明地诠释了中国式现代化世界观的价值意蕴，表明欲要实现全人类高质量发展，则必须遵循人类社会发展规律、时代发展规律、全球化发展规律，共同构建和谐美好世界家园。人类命运共同体理念内生于中国式现代化模式之

---

① 《中共中央关于党的百年奋斗重大成就和历史经验的决议》，《人民日报》2021年11月17日。

中，正是对全人类共同价值的承载，实现了对人与自身、人与人、人与自然、人与世界关系的良性破壁。同时，人类命运共同体理念对国家与国家之间生存依赖性和发展共同性的追求，也在一定程度上打破了全球治理在观念、机制、方向、进程等方面的诸多困境。由此，在中国式现代化世界观的引领下，人类命运共同体致力于维护世界总体和平、持续发展的态势，将每个国家、每个民族的命运紧密地联系在了一起。

后　记

经历了春夏交替，书稿终于要在秋天付梓了——作为"中国式现代化'六观'"丛书之一。

现代化特别是中国式现代化，本身是我学术视野中的重要命题。今年2月7日，习近平总书记在学习贯彻党的二十大精神研讨班开班式上发表重要讲话时强调，"中国式现代化蕴含的独特世界观、价值观、历史观、文明观、民主观、生态观等及其伟大实践，是对世界现代化理论和实践的重大创新"。这为我的思想涌动标注了基本方向。但中国式现代化"六观"不可不谓是宏大的研究工程，单凭一己之力，恐恐难矣。大皆因兴趣所致，我径直深入到对中国式现代化所蕴含的世界观的研究之中。而参与到本丛书的编纂中，很大程度上弥补了我的学术缺憾，砥砺了我的学术信心、增长了我的学术见识，更让我深深体会到了"学术共同体"的磅礴力量。

书稿构思写作多次求教于编委会专家，其纲目更是更易五次，终成一完稿。在这一过程中，我对于中国式现代化所蕴含的独特世界观的思考逐步深入、观照渐趋全面、体悟逐渐深刻。按照我的理解，中国式现代化所蕴含的世界观，是习近平新时代中国特色社会主义思想世界观和方法论的转化叙事形态（方式），深刻反映了中国式现代化对世界之问，特别是对世界现代化之问的总的看法和总的办法。本书总体上对这一见解进行了分章论证、具体展开、内容深化。期冀本书既"使己昭昭",又"使人昭昭",成为一本"昭昭之作"。

在本书的酝酿撰写、提升拔高中,学界同仁特别是丛书主编姜辉同志给予了极大的关怀指导。中共重庆市委宣传部、重庆出版集团为本书的撰写和顺利出版提供了极大的支持帮助。陈飞羽、张小鹏、孙明阳、刘颖晴、赵婉君、张雪、王晓慧、耿天宇、李晨、邢波云、宋海萌为本书的材料收集整理、构思行文付出了诸多心力。我深深感动、深以为谢。

书稿虽然收笔了,但绝不是尽善尽美的。书中不精准乃至错讹之处,恳请读者真诚、坦率地予以批评指正。我将沿着本书所确定的研究立意,继续对中国式现代化所蕴含的世界观命题深思之、笃悟之。

田鹏颖
2023年秋日于沈阳